Der Süden im Norden

Orangerien – ein fürstliches Vergnügen

Herausgeber
Oberfinanzdirektion Karlsruhe,
Staatliche Schlösser und Gärten
und Arbeitskreis Orangerien in Deutschland e. V.

SCHNELL + STEINER

Bibliografische Information Der Deutschen Bibliothek
Die Deutsche Bibliothek verzeichnet diese Publikation in der Deutschen Nationalbibliografie; detaillierte bibliografische Daten sind im Internet über <http://dnb.ddb.de> abrufbar.

Der Süden im Norden – Orangerien, ein fürstliches Vergnügen

Herausgeber: Staatliche Schlösser und Gärten Baden-Württemberg, Oberfinanzdirektion Stuttgart, in Zusammenarbeit mit dem Arbeitskreis Orangerien in Deutschland e.V.

Autoren: Dorothee Ahrendt, Simone Balsam, Alfons Elfgang, Ulrike Grimm, Claudia Gröschel, Heinrich Hamann, Rosemarie Münzenmayer, Hans-Dieter Proske, Hubert Wolfgang Wertz

Gestaltung: Struve & Partner, Atelier für Grafik-Design, Heidelberg

Verlag: Schnell + Steiner GmbH, Regensburg

Druck: Erhardi Druck GmbH, Regensburg

2. Auflage 2004

ISBN: 3-7954-1257-9

Inhalt

Neue Orangerie im Schwetzinger Schlossgarten, Mittelrisalit mit restaurierter Malerei, Foto Atelier Deckers-Matzko, 1999.

Vorwort

Unter der Überschrift „Garten-Gebäwe zur noth/ und zur lust" ordnete Johann Sigismund Elßholtz in seinem 1684 in dritter Auflage erschienenen Werk „Vom Garten-Baw" neben den Lustgebäuden auch das Pomeranzenhaus ein. „Zur noth" weist auf die Mühe und den hohen Kostenaufwand für die Überwinterung der begehrten, kostbaren und empfindlichen Kübelpflanzen in den Orangerien hin. „Zur lust" kennzeichnet die Faszination, die von diesen Pflanzen ausging, und ihre große Bedeutung für die Ausschmückung der Gärten. Vor allem die Zitrusgewächse, deren Symbolik die fürstlichen Besitzer für sich in Anspruch nahmen, standen in hoher Gunst.
In der Doppelfunktion als Raum für die Pflanzenüberwinterung und für höfische Festlichkeiten im Sommer stellten die Orangerien den Höhepunkt der barocken Baukunst im Garten dar. In kaum einer größeren Anlage durften sie fehlen.
Mit der weiteren Entwicklung der Gartenkunst haben die Orangerien ihre Bedeutung verloren. Obwohl sich in vielen Gärten bis heute Orangerien erhalten haben, wird nur noch in wenigen Parkanlagen die Tradition der Kultur von Kübelpflanzen gepflegt.
Erhaltung und Pflege von Orangerien und Glashäusern mit ihren Pflanzenbeständen sowie die wissenschaftliche Bearbeitung dieses Themengebietes hat sich der 1979 in Potsdam-Sanssouci gegründete „Arbeitskreis Orangerien in Deutschland" zur Aufgabe gemacht.
Eine anlässlich der Restaurierung der neuen Orangerie im Schlossgarten Schwetzingen von den Staatlichen Schlössern und Gärten Baden-Württemberg und dem Arbeitskreis konzipierte Ausstellung zum Thema „Orangerie" wird im Mittelbau der Orangerie präsentiert. Sie informiert wie die vorliegende Broschüre über die Vielseitigkeit dieses Themas und den wechselseitigen Einfluss von Orangerie und Garten. Als Beispiel werden die Schwetzinger Orangerien und die Restaurierung der neuen Orangerie vorgestellt.
Die Darstellung von speziell für die Arbeit in Orangerien entwickelten Techniken, die nur in wenigen Fällen erhalten sind, gibt einen weiteren Einblick in dieses bedeutende Thema der Gartenkunst.

Heinrich Hamann
Leiter des Arbeitskreises Orangerien

... und so forderte Eurystheus, Herrscher von Mykene, von Herkules den Raub der goldenen Äpfel aus dem Garten der Hesperiden.

Hendrick Goltzius (1558-1617), Herkules Farnese mit den drei goldenen Äpfeln, um 1592, Staatliche Museen Kassel, Graphische Sammlung.

Die goldenen Äpfel

Claudia Gröschel

Zitrusfrüchte zwischen antikem Mythos, Herrschaftssymbol und bildender Kunst

Der Boden für die Sammlung und Kultivierung von Zitruspflanzen an den europäischen Höfen im 17. und 18. Jahrhundert wurde nicht zuletzt durch den antiken Helden Herkules (griech.: Herakles) bereitet. Der Mythos vom Raub der goldenen Äpfel der Hesperiden durch Herkules war in der Antike, aber auch in der Neuzeit weit verbreitet. Erdmutter Gaia hatte Zeus und Hera anlässlich ihrer Hochzeit einen Baum mit goldenen Äpfeln geschenkt, den diese in den Garten der Götter pflanzten. Gepflegt wurde der Baum von den Hesperiden, den Töchtern des Atlas und der Nacht, bewacht von dem Ungeheuer Ladon – je nach Quelle doppelköpfige Schlange oder Drache. Die goldenen Früchte des Baumes waren vielbegehrt, und so forderte Eurystheus, Herrscher von Mykene, von Herkules den Raub dieser Äpfel aus dem Garten der Hesperiden. Das Orakel von Delphi hatte Herkules dazu bestimmt, Eurystheus zu dienen. Dieser hatte Herkules die Lösung von zwölf zunehmend schwerer zu erfüllenden Aufgaben befohlen. Die elfte Aufgabe war der Raub der goldenen Äpfel. Über die Ausführung des Raubes existieren zwei Fassungen. Die erste Version stellt Herkules als mutigen, aktiven Helden dar, der Ladon überwältigt und so in den Garten der Hesperiden eindringen kann. In der zweiten Variante erlangt Herkules die goldenen Äpfel durch eine List: Auf dem Weg zum Garten der Hesperiden begegnet Herkules Atlas, der zur Strafe für seine Teilnahme am Kampf gegen Zeus das Himmelsgewölbe auf seinen Schultern tragen muss. Atlas, der Vater der Hesperiden, bietet sich an, für Herkules die goldenen Äpfel zu holen, wenn dieser in der Zwischenzeit das Himmelsgewölbe trage. Als Atlas mit seiner Beute zurückkehrt und nun selbst die goldenen Äpfel Eurystheus überreichen will, greift Herkules zu einer List. Scheinbar einverstanden, bittet er Atlas für kurze Zeit das Himmelsgewölbe noch einmal zu übernehmen, um sich ein Kissen auf die Schultern zu legen. Als die Last erneut auf Atlas' Schultern ruht, nimmt Herkules die goldenen Äpfel und eilt mit ihnen zu Eurystheus. Da Herkules die Aufgabe gelöst hat, lässt Eurystheus die goldenen Äpfel wieder in den Garten der Hesperiden zurückbringen.

Dieser symbolische Gehalt der goldenen Äpfel als Attribut des tugendhaften Helden Herkules, die bereits in der Antike als Citrus medica (Zitronatzitronen) identifiziert wurden,

Giuseppe Arcimboldo (1527-1593), Der Winter, 1563, Kunsthistorisches Museum, Wien.

sollte im 17. und 18. Jahrhundert von großer Bedeutung für das Selbstverständnis der absolutistischen Herrscher werden.

Erstmals waren Zitruspflanzen – zunächst Citrus medica – vermutlich durch Alexander den Großen nach Griechenland gekommen, der sie von seinen Asienfeldzügen (334-324 v. Chr.) nach Griechenland mitführte. Der griechische Gelehrte Theophrast (371-287 v. Chr.) nannte diese Frucht „medischer" oder „persischer Apfel" nach dem altorientalischen Medien, von woher Alexander der Große sie eingeführt hatte. Ursprünglich stammte die Zitronatzitrone vermutlich vom Fuße des Himalaya im Gebiet des heutigen China und Nord-Burma. Nach Theophrast, der Aussehen, Kultur und Nutzung dieser Pflanzen beschreibt, war die Frucht ungenießbar, jedoch sehr wohlriechend und wurde als wirksames Mittel gegen verschiedene Schädlinge, als Gegengift und zu weiteren medizinischen Zwecken eingesetzt. Er erwähnt auch, dass der Baum das ganze Jahr über gleichzeitig blühe und Früchte trage. Der römische Dichter Vergil (70-19 v. Chr.) bezeichnete die in Medien wachsende Zitronatzitrone als „goldenen Apfel" oder „Glücksapfel". Nach Italien gelangte der Baum schließlich im 1. Jahrhundert n. Chr.

Einen anderen Weg nach Mitteleuropa fanden die Zitrusfrüchte über die jüdische Kultur. Moses hatte um 1200 v. Chr. verlangt, dass die Gläubigen zum Laubhüttenfest mit der „Frucht des schönen Baumes" erscheinen sollten. Dabei handelte es sich zunächst vermutlich um Quitten. Heute wird die Etrog-Zitrone – eine Varietät der Citrus medica – verwendet. In Marc Chagalls Gemälde *Festtag, der Rabbiner mit der Zitrone* von 1914

hält der Rabbiner eine Etrog-Zitrone und einen Palmwedel als Zeichen für das Laubhüttenfest in den Händen. Auch wenn nicht belegt ist, seit wann die Etrog-Zitrone bei diesem hohen jüdischen Fest Verwendung findet, kann davon ausgegangen werden, dass durch die räumliche Nähe zu Persien der „medische“ oder „persische Apfel“ bereits sehr früh bei den Hebräern bekannt gewesen ist. Bezeugt ist die Anlage von ersten Plantagen in Jaffa unter dem Hohepriester Simon dem Makkabäer im 2. Jahrhundert v. Chr.
Die Zerstörung Jerusalems durch die Römer 70 n. Chr. und die darauf folgende Auswanderung vieler Juden aus Palästina führte zu einer weiteren Verbreitung der Etrog-Zitrone. Ebenfalls sehr früh kamen die Limone (Citrus limon), im deutschen Sprachgebrauch Zitrone, sowie die Pomeranze oder Bitterorange (Citrus aurantium) nach Europa. Die vermutlich aus den Bergwäldern im Norden Indiens stammende Limone wurde etwa ab dem 4. oder 5. Jahrhundert n. Chr. erstmals in Indien kultiviert. Auch sie kam über Persien nach Südeuropa und ist in Sizilien 1260 bezeugt. 1369 werden fruchtende Limonenbäume in Genua beschrieben. Die Pomeranze stammt von den Südhängen des Himalaya. 1002 wird sie erstmals in Sizilien nachgewiesen, vermutlich hatten arabische Händler sie auf der Seidenstraße nach Südeuropa eingeführt. Nach Deutschland gelangte sie Mitte des 16. Jahrhunderts und wurde wegen ihrer vielseitigen Verwendbarkeit und ihrer Schönheit rasch zur wichtigsten Zitruspflanze in den Gärten des 17. Jahrhunderts.
Vor allem an den Höfen, aber auch bei wohlhabenden Bürgern entstanden umfangreiche Zitrussammlungen. Überwintert wurden die

Marc Chagall (1887-1985), Festtag, Rabbiner mit Zitrone, 1914, Kunstsammlung Nordrhein-Westfalen, Düsseldorf, Foto W. Klein, Düsseldorf.

Die fürstliche Zitrussammlung war somit Sinnbild für die Unsterblichkeit des Herrscherhauses.

Pflanzen in heizbaren Orangerien, im Sommer standen sie an unterschiedlichen Stellen im Garten. Zunächst resultierte der hohe Wert der Pflanzen aus ihrer Empfindlichkeit gegenüber dem mitteleuropäischen Klima sowie ihrer vielseitigen Nutzbarkeit als Genussmittel, zu medizinischen und kosmetischen Zwecken. Auch die besonderen Eigenschaften der immergrünen Pflanzen wie das gleichzeitige Blühen und Fruchten, der starke Duft der Blüten, die intensive Farbe von Früchten und Laub machten sie überaus kostbar.
Von immer größerer Bedeutung wurde jedoch ihre Symbolkraft: Als Besitzer einer Sammlung von Zitruspflanzen hatte der Fürst nicht nur wie Herkules die goldenen Äpfel trotz unüberwindbarer Hindernisse aus dem Garten der Götter in seinen Besitz gebracht, sondern es war ihm auch gelungen, wider die Natur die frostempfindlichen Pflanzen in seiner Orangerie zu überwintern. Er hatte somit die Macht über die Natur erlangt. Hierin spiegelt sich auch die Idee der Kunstkammern des 17. Jahrhunderts, in denen alle Formen der Natur und der Kunst in einer Sammlung vereint waren. Das heißt Naturalia wie Muscheln, Perlen, Edelsteine oder ausgestopfte Tiere wurden mit Arteficialia, von Menschenhand gefertigten Gegenständen, wie Münzen, Medaillen, astronomischen Geräten, Porzellan aber auch Stichen, Gemälden und Plastiken in einem Kabinett zusammengestellt. Diese Sammlungen waren sowohl Zeugnis der göttlichen Schöpfung als auch Beweis für die Förderung der naturkundlichen Forschung durch die Fürsten. Von größter Bedeutung für das Selbstverständnis des Herrschers war jedoch die botanische Besonderheit des immergrünen Laubes und des gleichzeitigen Blühens und Fruchtens. Diese im Gegensatz zu mitteleuropäischen Pflanzen fehlende Winterruhe des Zitrus wurde als Symbol für das ewige Leben angesehen. Die fürstliche Zitrussammlung war somit Sinnbild für die Unsterblichkeit des Herrscherhauses.
Basis für den im Absolutismus weit verbreiteten Herkulesmythos und den direkten Bezug zu den Zitruspflanzen war die antike Verehrung des Herkules als tugendhaftes Ideal. Neben den zwölf kanonischen Taten war dabei das Thema des „Herkules am Scheideweg" Motivation für die Beliebtheit des Halbgottes. Herkules, Sohn des Zeus und der Alkmene, der aufgrund seiner außergewöhnlichen Kraft bereits als Kind zahlreiche Abenteuer und Kämpfe gemeistert hatte, stand am Übergang vom Jugend- zum Erwachsenenalter vor der Entscheidung, wie er sein weiteres Leben meistern wolle. Er zog sich in die Einsamkeit zurück, wo ihm zwei Frauen erschienen, die Personifikationen von Laster und Tugend. Das Laster versprach Herkules ein bequemes Leben in Luxus und mit allen Genüssen. Die Tugend dagegen wies ihn auf

einen steilen, steinigen Weg, an dessen Ende jedoch die Verheißung durch ewigen Ruhm stand. Herkules wählte daraufhin den Pfad der Tugend. Bereits die römischen Imperatoren bedienten sich der Herkulesmythologie als Untermauerung ihrer Herrschertugenden. In der Neuzeit wurde diese Verbindung von Herrscher und Herkules im gleichen Sinne aufgegriffen. Die einzelnen Attribute Herkules' standen dabei für unterschiedliche Tugenden. So interpretierte Cesare Ripa in der *Iconologia* die drei goldenen Äpfel als Symbole für die Überwindung von Zorn, Habsucht und Begierden (Rom 1603, deutsch: Hamburg 1659).

Neu erzählt und im Hinblick auf die Zitrusfrüchte und deren Einfuhr nach Italien verändert, hat Giovanni Battista Ferrari (1584-1655) die Geschichte der goldenen Äpfel in seiner 1646 in Rom erschienen Monographie *Hesperides sive de malorum aureorum cultura et uso* (Die Hesperiden oder vom Anbau und Nutzen der goldenen Äpfel). Neben einer genauen Beschreibung und Klassifizierung der Zitruspflanzen stellt der Jesuitenpater die vielfältigen Nutzungsmöglichkeiten dar. Eingebettet ist die Abhandlung in den Mythos vom Raub der goldenen Äpfel durch Herkules, den Ferrari weiterdichtet: Die Hesperidentöchter müssen ihren Garten verlassen, da Herkules durch sein Eindringen diesen entweihte und seine Schönheit zerstörte. Sie fliehen mit Hilfe der Götter in einer Muschel über das Meer und landen an der italienischen Küste. Jede der Schwestern wählt eine Region und pflanzt dort den ihr zugehörigen

Anthonis van Dyck (1599-1641), Prinz Wilhelm II. von Nassau-Oranien als Kind, o. D., Staatliches Museum Schloss Mosigkau, Kulturstiftung Dessau Wörlitz, Bildarchiv.

Wilhelm Kalf (1619-1693), Stilleben mit chinesischer Porzellandose, 1662, Staatliche Museen zu Berlin Preußischer Kulturbesitz, Gemäldegalerie, Foto J.P. Anders, Berlin.

Zitrusbaum. Aegle bleibt mit den Zitronatzitronen am Gardasee, Arethusa mit den Limonen an der Ligurischen Küste und Hesperthusa mit den Pomeranzen in Campanien. Die Kultivierung der Zitrusfrüchte ist nach Ferrari tief mit dem Herkulesmythos verwoben. Auf der Publikation Ferraris basierend erschien 1708 und 1714 in Nürnberg das zweibändige Werk des Nürnberger Kaufmanns und Naturforschers Johann Christoph Volkamer (1644-1720) *Nürnbergische Hesperides* und *Continuation der Nürnbergischen Hesperidum.* Wie Ferrari leitet Volkamer sein Werk mit dem Raub der goldenen Äpfel durch Herkules ein. Er ordnet den drei Hesperidentöchtern die jeweilige Frucht zu und beschreibt die Gegenden Italiens, in denen diese sich niedergelassen hatten.

Neben der Beschreibung der verschiedenen Zitruspflanzen behandelt Volkamer auch deren Zucht und Pflege, Krankheiten und Schädlinge sowie den Betrieb eines Pomeranzenhauses. Vorrangiges Studienobjekt war sein eigener Garten in Nürnberg-Gostenhof mit einer umfangreichen Zitrussammlung.

Bereits in der Antike wurden die heldenhaften Taten des Herkules in Malerei und Plastik thematisiert. Die berühmteste Darstellung des Hesperidenmythos dürfte der *Herkules Farnese* sein, eine im 2. Jahrhundert n. Chr. entstandene Kopie einer Statue des antiken Bildhauers Lysipp, vermutlich um 320 v. Chr. für Alexander den Großen geschaffen. Sie zeigt Herkules auf seine Keule gestützt, über die das Fell des nemeischen Löwen gelegt ist, den Herkules als erste Aufgabe töten musste. Die drei goldenen Äpfel hält er in seiner rechten Hand hinter dem Rücken verborgen. Erst 1546 wurde die Plastik bei Abbrucharbeiten in den Caracallathermen wiederentdeckt und im Hof des Palazzo Farnese in Rom aufgestellt. In der Folge wurde der „Herkules Farnese" immer wieder in Graphiken dargestellt, aber auch als Plastik kopiert. Vor allem im 17. und 18. Jahrhundert waren die Taten des Herkules beliebtes Motiv für Gartenplastiken.

Auch die Zitrusfrüchte selbst wurden als Herrschaftssymbol und als heraldisches Zeichen verwendet. Die Oranier, die die Frucht in ihrem Namen tragen, hatten an ihren Wohnsitzen wie zum Beispiel in Het Loo und Oranienbaum große Zitrussammlungen und ließen sich auf Porträts meist mit Orangen darstellen. Über Herrschaftssymbol und heral disches Zeichen hinaus lassen sich zahlreiche weitere Bedeutungsfacetten von Zitrusfrüchten in der Kunst finden. In der Neuzeit erscheinen die Pflanzen und ihre Früchte zunächst in religiösem Kontext als Marienattribut, als Symbol für das ewige Leben, als „Frucht des himmlischen Paradieses" oder auch als Zeichen für das Leiden Christi. Oft wird Zitrus mit dem Apfel, dem Symbol für den Sündenfall und die Wahl zwischen Gut und Böse, gleichgesetzt. In Jan van Eycks Genter Altar in St. Bavo von 1432 hält Eva statt eines Apfels eine Zitrusfrucht in der Hand. Auch kann der Zitrus Hinweis auf den Ort des dargestellten Geschehens sein, wie zum Beispiel das Morgenland oder das Heilige Land. Neben der ursprünglich mythologischen und christlichen Symbolik tauchen allmahlich verschiedene metaphorische Bedeutungen auf, oft in Bezug zu Herrschergeschlechtern.

Breiten Raum nimmt die Darstellung von Zitrus in den Stilleben ein. Auch in dieser Bildgattung reicht die Bedeutungsspanne von komplexer Ikonographie bis hin zur Lösung malerischer Probleme oder rein ornamentalem Schmuck. Im Fünf-Sinne-Stilleben symbolisiert eine Zitrusfrucht beispielsweise den Geschmack, während sie im Vanitasstilleben, häufig halb abgeschält, für Vergänglichkeit und Verderb steht. Die halbabgeschälte Frucht kann gleichzeitig die Ambivalenz von Gut und Böse in Form von schöner Schale und bitterem Fruchtfleisch ausdrücken oder das malerische Interesse an der Darstellung der Stofflichkeiten: die Transparenz von Fruchtfleisch und Saft und die unebene Oberfläche der Schale. Dagegen können Zitrusfrüchte neben einem Weinkelch Symbol für die Mäßigung sein. Bis in die Moderne sind Zitrusfrüchte als Motiv in der Kunst zu finden. Neben zahlreichen neuen Bedeutungen wird immer wieder auf tradierte aus Mythologie und Christentum zurückgegriffen.

Der Mythos vom Raub der goldenen Äpfel markiert den Beginn des Weges der Zitrusfrüchte in alle Bereiche der europäischen Kultur und auch in die Orangerien des Schwetzinger Schlossgartens.

„Herkules Farnese" im Schlosspark von Großsedlitz, um 1730, Foto C. Gröschel, 1997.

Ausgewählte Literatur

Balsam, Simone, Orangerien – Bauten im Spannungsfeld zwischen Architektur und Natur. Studien zur Typologie am Beispiel hessischer Orangerien, Diss. Universität Marburg 1989.

Ferrari, Giovanni Battista, Hesperides sive de malorum aureorum cultura et uso, Rom 1646.

Schirarend, Carsten, Heilmeyer, Marina [Hg.], Die goldenen Äpfel. Wissenswertes rund um die Zitrusfrüchte, Berlin 1996.

Staatliche Museen Kassel [Hg.], Herkules – Tugendheld und Herrscherideal, Eurasburg 1997.

Tschira, Arnold, Orangerien und Gewächshäuser. Ihre geschichtliche Entwicklung in Deutschland, Berlin 1939.

Volkamer, Johann Christoph, Nürnbergische Hesperides, Nürnberg 1708, Reprint Leipzig 1987. Continuation der Nürnbergischen Hesperidum, Nürnberg, Frankfurt, Leipzig 1714, Reprint Leipzig 1987.

Clemens Alexander Wimmer

Die Pflanzenbestände der Orangerien

Orangeriegebäude sind ein Ergebnis der Leidenschaft in der Renaissance Pflanzen zu sammeln. Dementsprechend war das Sortiment zunächst ein sehr vielfältiges. „Wer die Orangerien nicht zur Pracht, sondern zur Lust haben will", schreibt noch Zedler 1738 in seinem *Universal-Lexikon*, „thut wohl, wenn er sie so anlegt, daß er nicht so wohl vielkostbare und grosse Bäume hat von einerley Art, als vielmehr eine grosse Quantität der Gewächse unterschiedener Art." Unter dem Wort „Orangerie" wurde ursprünglich der Bestand an Kalthauspflanzen verstanden, darunter nicht nur die Zitrusarten.

Die Herkunft der Pflanzen

Den Grundstock des Sortiments bildeten die sogenannten klassischen Pflanzen, das heißt solche, die in den Schriften der Antike vorkommen und entweder im Mittelmeergebiet heimisch oder dort seit langem eingebürgert waren. Hierzu gehören Granatapfel, Zypresse, Lorbeer, Dattelpalme, Ölbaum, Zitronatzitrone und Judasbaum.

Neben den mediterranen wurden seit der Renaissance und verstärkt im Barock auch neu entdeckte exotische Pflanzen, die in den klassischen Schriften unbekannt waren, gesammelt. Die Neu- oder Wiedereinführungen in der Renaissance stammen aus dem Orient, vor allem aus dem Osmanischen Reich, kaum aus dem Fernen Osten. Hierzu gehören Jasmin, Hibiskus, Pomeranze und Kirschlorbeer. Daneben kamen in der Renaissance aus Mittelamerika einige sogenannte indianische Pflanzen wie Agave, Feigenkaktus, Passionsblume und Yucca.

Im Barock waren auch südafrikanische Pflanzen von großer Bedeutung. Da Südafrika seit 1652 niederländische Kolonie war, kamen von dort Einführungen über Holland nach Deutschland. Führende Rollen spielten dabei die in holländischen Diensten stehenden deutschen Botaniker Paul Hermann, Heinrich Claudius und Bernhard Heinrich Oldenland. Linné schreibt 1737, ein Garten, der keine Mittagsblumen vom Kap besitze, verdiene kaum den Namen Garten. Gregor Kraus arbeitete 1892 eine von Holland dominierte Einführungsphase der „Kapenser" (Pflanzen aus Südafrika) heraus, die von 1687 bis 1772 reichte. Er hatte ermittelt, dass es bald keinen Garten gab, „in dem nicht ein paar Pelargonien, einige Aloe und Mesembryanthema und andere Succulenten, auch wohl einige Compositen und Capsträucher waren." Große Pflanzensammler wie Paul Hermann in Leiden, Commelyn in Amsterdam, Heinrich Hesse in Mainz, Georg Clifford in Hartekamp hatten in ihrer kaum unübersehbaren Fülle exotischer Hauspflanzen auch einige tropische Warmhaus-Pflanzen aus Südamerika und Indien, die in den gewöhnlichen Orangerien fehlten. Neben den holzigen Pflanzen wurden auch Nelken, Canna, Tuberosen, Levkojen, Aurikeln, Pimpernell, Campanula pyramidalis L. und andere Blumen in den Orangerieinventaren aufgeführt.

Balaustium, der gefüllt blühende Granatapfelbaum, aus: Knorr, 1750, Gartenbaubücherei Berlin.

Die barocke Bevorzugung von Zitrus

Im 17. Jahrhundert entwickelte sich eine besondere Leidenschaft für Zitruspflanzen, die die übrigen Orangeriepflanzen etwas an den Rand drängte. Man strebte danach, von Zitrus möglichst zahlreiche und große Exemplare in zahlreichen Sorten zu besitzen. Dies zeigt sich in den Pflanzenbüchern von Ferrari (1644) und Volkamer (1708) und auch in den Pflanzeninventaren der Orangerien. Otto von Münchhausen schreibt 1768 im *Hausvater*, dass die Orangerie in Schwöbber unter seinem Großvater 1714 schon 49 Orangen-, 133 Limonen- und 38 Zitronat-Sorten umfasste. August der Starke in Dresden und Friedrich der Große in Potsdam trugen Zitrussammlungen von vielen hundert Exemplaren zusammen. Dennoch hieß es in dem verbreiteten Gartenbuch *Der wohlbestellte Gartenbau* 1723: „Ob nun wol die Pomerantzen und Citronen-Bäume die Vornehmsten sind/ welche eine orangerie ausmachen/ zumahlen solches der Nahme der Sachen selbst zu erkennen giebet/ auch diese Bäume wegen ihrer Schönheit/ anmuthigen Früchte/ und stets daurenden flores leichtlich den Preis behalten; so sind sie es dennoch auch nicht gantz allein/ welche zu einer orangerie pflegen gerechnet zu werden."

Weiß blühender Hibiscus syriacus, aus: Knorr, 1750, Gartenbaubücherei Berlin.

Tabellarische Übersicht der gebräuchlichsten Orangeriegehölze nach ihren historischen Bezeichnungen (botanischer Name, deutscher Name - soweit bekannt)

Klassische Pflanzen

Agnus Castus
(Vitex agnus-castus L., Keuschbaum)

Alaternus (Rhamnus alaternus L., Kreuzdorn)

Aloe (A. vera L., Aloe)

Amomum Plinii
(Solanum pseudocapsicum L., Korallenstrauch)

Arbor Judae
(Cercis siliquastrum L., Judasbaum)

Arbutus (Arbutus unedo L., Erdbeerbaum)

Balaustium
(Punica granatum L. 'Pleniflora', gefüllter Granatapfelbaum)

Barba Jovis
(Anthyllis barba-jovis L., Jupiters Bart)

Cedrus (C. libani L., Libanonzeder)

Cinnamomum sive Canella zeilanica
(Cinnamomum verum J.S.Presl, Zimtrindenbaum)

Colutea scirpioides
(Coronilla emerus L., Kronwicke)

Cotinus Plinii
(Cotinus coggygria Scop., Perückenstrauch)

Cupressus
(C. sempervirens L. var. sempervirens, Zypresse)

Ficus (Ficus carica L., Feigenbaum)

Genista hispanica
(Spartium junceum L., Binsenginster)

Guaiacum patavinum
(Diospyrus lotus L., Lotuspflaume)

Ilex (Quercus ilex L., Steineiche)

Laurus (L. nobilis L., Lorbeerbaum)

Laurus alexandrinus
(Ruscus hypophyllum L., Mäusedorn)

Laurus tinus
(Viburnum tinus L., Laurustinus)

Lentiscus
(Pistacia lentiscus L., Mastixstrauch)

Malus medica
(Citrus medica L., Zitronatzitrone)

Malus Punica
(Punica granatum L., Granatapfelbaum)

Musa (Musa paradisiaca L., Banane)

Myrtus (Myrtus communis L., Myrte)

Nerion, Laurus rosea
(Nerium oleander L., Oleander)

Olea (O. europaea L., Ölbaum)

Paliurus, Spina Christi
(Paliurus spina-christi Mill., Christusdorn)

Palma, Palma major
(Phoenix dactylifera L., Dattelpalme)

Palma minor
(Chamaerops humilis L., Zwergpalme)

Phillyrea
(Ph. angustifolia L. und Ph. latifolia L., Steinlinde)

Pomum Adami
(Citrus medica L. 'Pomo d'Adamo', Adamsapfel)

Rosmarinus (R. officinalis L., Rosmarin)

Ruscus (R. aculeatus L., Mäusedorn)

Sedum arborescens
(Aeonium arboreum (L.) Webb. et Berth.)

Siliqua
(Ceratonia siliqua L., Johannisbrotbaum)

Styrax (St. officinalis L., Storaxbaum)

Terebinthus
(Pistacia terebinthus L., Terpentinpistazie)

Zizyphus
(Zizyphus jujuba Mill., Brustbeerbaum)

Ethrogzitrone, Kürbislimone und Adamsapfel, aus: Weinmann, 1737-45, Staatsbibliothek Berlin.

Orientalische Pflanzen

Jasminum album
(J. officinale L., gemeiner Jasmin)

Jasminum hispanicum, J. catalonicum
(J. grandiflorum L., spanischer Jasmin)

Jasminum luteum
(J. humile L., gelber Jasmin)

Jasminum coeruleum
(Syringa laciniata Mill., geschlitztblättriger Flieder)

Ketmia arabica, Althaea frutex
(Hibiscus syriacus L., Roseneibisch)

Laurus Cerasus
(Prunus laurocerasus L., Lorbeerkirsche)

Agave americana, aus: Aldini, 1625, Sächsische Landesbibliothek – Staats- und Universitätsbibliothek Dresden, Dezernat Deutsche Fotothek/ Foto C.A. Wimmer.

Fernöstliche Pflanzen

Adhadota zeilanica, Nux malabarica
(Justicia adhadota L.)

Azedarach (Melia azedarach L., Zedrachbaum)

Camphora
(Cinnamomum camphora J.S.Presl, Kampherbaum)

Malus Aurantium
(Citrus aurantium L., Pomeranze)

Malus Aurantium sinensis
(Citrus sinensis Pers., Apfelsine)

Malus limonia (Citrus limon Burm., Limone)

Rosa sinensis
(Hibiscus rosa-sinensis L., chinesischer Roseneibisch)

Ostindische (amerikanische) Planzen

Acacia farnesiana (A. farnesiana Willd.)

Aloe americana (Agave americana L.)

Ananas (Ananas comosus Merr.)

Cereus spec.
(Aprocactus flagelliformis Lem., Cereus hexagonus Mill., Cereus peruvianus Mill., Cereus tetragonus Mill., Hylocereus triangularis Britt. u.a., Kakteen)

Cereus serpens
(Selenicereus grandiflorus Britt. & Rose u.a., Schlangenkaktus)

Ficus indica
(Opuntia ficus-indica Mill., O. vulgaris Mill., O. tuna Mill., Feigenkaktus)

Frutex sensibilis (Mimosa pudica L.)

Gelseminum indicum maximum fl. phoeniceo Ferrari
(Campsis radicans Seem., Trompetenwinde)

Granadilla Hispanis sive Flos Passionis Italis.
(Passiflora incarnata L., fleischfarbene Passionsblume)

Granadilla pentaphyllos fl. caeruleo magno Boerh., Clematis quinquefolia americana sive Flos passionis Robin,
(Passiflora coerulea L., blaue Passionsblume)

Yucca (Y. gloriosa L., Palmlilie)

Afrikanische Pflanzen

Aloe africana
(Aloe variegata L., A. melanocarpa Berger und A. dichotoma u.a.)

Ficoides africanus
(Mesembryanthemum L., Mittagsblume)

Gelseminum indiae flavum odoratissimum Ferrari (J. odoratissimum L.)

Geranium triste (Pelargonium triste L'Hérit.)

G. africanum arborescens ibiscifolio rotundo carlinae odore Herm.
(Pelargonium cucculatum L'Hérit.)

G. africanum arborescens alchimillae hirsuto folio floribus rubicundis Comm.
(Pelargonium zonale L'Hérit., Zonalpelargonie)

G. africanum arborescens malvae folio plano lucido flore elegantissmo kermesino Riv.
(P. inquinans L'Hérit.)

G. africanum coriandrifolio floribus incarnatis Herm. (P. myrrhifolium L'Hérit.)

G. africanum foliis inferioribus asari, superioribus staphidis agriae maculatis splendentibus & acetosae sapore Comm.
(Pelargonium peltatum L'Hérit., Efeupelargonie)

G. africanum frutescens malvae folio laciniato odorato Herm.

Orbea variegata, aus: Knorr, 1750, Gartenbaubücherei Berlin.

(Pelargonium capitatum L'Hérit.)

G. africanum noctu olens tuberosum & nodosum aquilegiae foliis Herm.
(P. gibbosum L'Hérit.)

Hyacinthus africanus tuberosus fl. coeruleo umbellato Breyn (Agapanthus africanus Hoffmgg., Liebesblume)

Leonurus oder Flos leonoris
(Leonotis leonurus R.Br., Löwenohr)

Stapelia (Orbea variegata Haw.)

Ausgewählte Literatur

Aldini, Tobia, Exactissima Descriptio, Rom 1625.

Dahuron, René [vermeintl. Verfasser], Der wohlbestellte Gartenbau, Celle 1723.

Knorr, Georg Wolfgang, Regnum Florae, Nürnberg 1750.

Münchhausen, Otto von, Der Hausvater, Bd. 3, Hannover 1768.

Weinmann, Johann Wilhelm, Phythantoza-Iconographia, Regensburg 1737-45.

Zedler, Johann Heinrich, Grosses vollständiges Universal-Lexikon Aller Wissenschaften und Künste, 64 Bde., Halle, Leipzig 1732-50.

Ein Gewächshaus der Cedrate nach Ferrari in: Allgemeines Teutsches Gartenmagazin, 2. Band, II. Stück, 1816, Tafel 6.

Bemerkungen zur Entwicklung des abschlagbaren Pomeranzenhauses in Deutschland

Heinrich Hamann

Das Einströmen italienischen Kulturgutes und die um 1500 weit verbreitete Schrift von Giovanni Pontano (1426-1503) *De Hortis Hesperidum* beförderten im 16. Jahrhundert nördlich der Alpen die schnelle Ausbreitung der in Italien bereits heimischen Zitrusgewächse, allen voran die Pomeranzen (bittere Orangen).

Mit großem Eifer wurde die Kultivierung dieser begehrten Pflanzen an den Fürstenhöfen in München, Stuttgart, Heidelberg und Prag betrieben, aber auch von den reichen Bürgern in den Freien Reichsstädten wie Augsburg und Nürnberg. An den deutschen Königs- und Fürstenhöfen wollte man auf die Illusion einer südlichen Umgebung, die ein nördlich der Alpen ausgepflanzter Zitrushain erweckte, nicht verzichten.

Dieser nahm im Garten zunächst eine recht zufällige Stellung ein. Für die Wahl des Standortes waren allein der möglichst größte Sonneneinfall sowie ein fester und sicherer Winterschutz bestimmend. Für die Überwinterung wurden im Herbst barackenähnliche Bauten aus vorgefertigten, doppelwändigen Holzteilen mit kleinen Fenstern über die im 'freien Grund' wachsenden Zitrus errichtet, die man im Frühjahr wieder entfernte. Solche abschlagbaren Pomeranzenhäuser waren in Italien bereits bekannt, erreichten jedoch in Deutschland ihre vollkommenste Ausbildung und fanden hier weite Verbreitung.

1559 wird erstmalig über die Anlage eines Pomeranzengartens im herzoglichen Lustgarten zu Stuttgart berichtet. Dabei handelte es sich um eine separate Gartenfläche, eingefasst durch eine mit Fenstern versehene Gartenmauer, auf der im Herbst das abnehmbare Dach errichtet wurde. 1609 erhielt auch der Lustgarten am Leonberger Schloss, der heute noch den Namen Pomeranzengarten trägt, ein abschlagbares Pomeranzenhaus durch den herzoglichen Baumeister Heinrich Schickhardt (1558-1635). Erst von dem 1611 im Stuttgarter Lustgarten errichteten, völlig abschlagbaren, hölzernen Pomeranzenhaus ist das Aussehen durch die erhaltenen Entwürfe von Schickardt bekannt. Es handelte sich dabei um einen rechteckigen Fachwerkbau mit Sat-

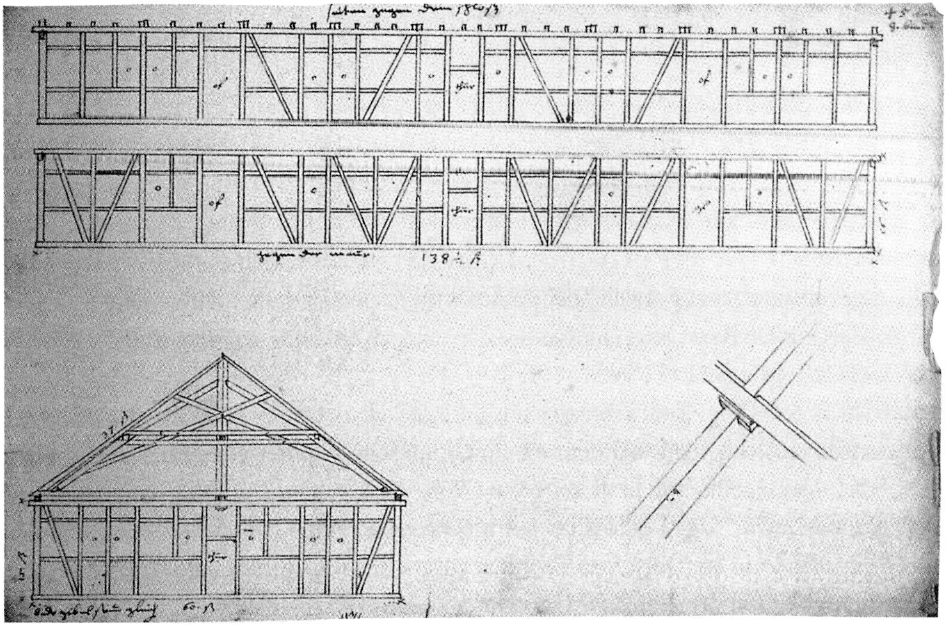

Darstellung der Fachwerkkonstruktion des Pomeranzenhauses im Stuttgarter Herzoglichen Lustgarten, 1610.

teldach von 39,7 m Länge, 17,2 m Breite und der stattlichen Höhe von 10,9 m. Vier Öfen sorgten für ausreichende Temperaturen. Auf allen Seiten in das Fachwerk eingepasste Fenster belichteten das Gebäude im Winter. Bei der Ausführung des Entwurfes wurden die Abmessungen auf 50,5 m Länge und 18 m Breite korrigiert. Um den hohen Aufwand für die Heizkosten und das Auf- und Abschlagen zu vermindern, kam es 1633 zu einem erneuten Bau, bei dem die rückwärtige Gartenmauer mit einbezogen wurde. Die unbeschreibliche Wirkung dieser Anlage gibt ein Bericht von 1736, 100 Jahre nach ihrer Errichtung, wieder: „[...] in solchem HochFürstl. Orengerie Hauß [befinden sich] aus dem Erdboden herauswachsend, so in gantz Teutschland schwerlich gefunden wird, und am allermeisten zu admiriren, Pomerantzen, Citronen, und Lorbeer-Bäume, item Cupressen, Oliven und Feigenbäume, desgleichen Ketnia Arabica, Arbor Judae, Lignum Sanctum in sehr großer Höhin, auch von schönen Cronen, und überaus starcken Stämmen, welche ein Mann genug zu thun hat, zum Teil zu umarmen, alle dermaßen mit Früchten gesegnet, daß nur vor heuer allein schon über 20000 Früchten, von allerhand Pomeranzen, Citronen, Limes, Cedern, Pome de Sin, Ablasin und andere mehr dergleichen nacher Hof [Ludwigsburg] gelüffert werden können, und danoch in großer Menge auf denen Bäumen stehen." Des weiteren befindet sich in dem Pomeranzenhain „[...] eine sehr annehmliche Lorbeer Hütte so oben gantz zusammen gezogen, unter welcher zu Sommers Zeiten die hohen Herrschaften im Schatten mehr mahlen und vielfältig gespeiset, und sich den sehr annehmlichen und lieblichen Orenge und Flor Geruch zu einer sonderbahren Ergötzlichkeit dienen ließen, und darinnen wie in einem Paradies nebst einer angenehmen Music sich vergnüglichst divertieren konnten." (Gugenhahn, 1997, S. 144-145).

Dieses abschlagbare Pomeranzenhaus konnte sich, trotz der ständigen Verschlechterung des Bauzustandes, bis zu dem durch Herzog Carl Eugen 1750 verfügten Abriss erhalten. Auf Grund des Stuttgarter Einflusses ließ um 1578 Landgraf Wilhelm IV. von Hessen-Kassel in seinem neu angelegten Garten in der Fuldaaue, unterhalb von Kassel, ebenfalls ein abschlagbares Winterhaus errichten. Ein großes Unwetter vernichtete jedoch 1583 das einfache Gebäude vollständig. Bei dem sofort darauf erfolgten Neubau an der gleichen Stelle waren die Umfassungsmauern fest errichtet, so dass nur noch das Dach abnehmbar war. Eine weitere Darstellung eines abschlagbaren Pomeranzenhauses ist dem Stichwerk über den berühmten Heidelberger *Hortus Palatinus* von Salomon de Caus aus dem Jahre 1620 zu entnehmen. Nach der Fertigstellung des neuen Lustgartens oberhalb der Stadt wurden die bereits etwa 60 Jahre alten Zitrusgewächse mit der stattlichen Höhe von etwa 7,5 m in dem alten Herrengarten in der Stadt ausgegraben und mühevoll in den Hortus transportiert. Auf einer Geländeterrasse unterhalb des Labyrinths erfolgte die Wiedereinpflanzung der 30 Bäume. Darüber wurde im Winter ein abschlagbarer Fachwerkbau von 280 Schuh (81,76 m) Länge und 32 Schuh (9,34 m) Breite mit Satteldach errichtet, der mit vier fahrbaren Öfen beheizt werden konnte. Kleinere Fenster und größere Lüftungsklappen sorgten für Licht und frische Luft. Ähnliche abschlagbare Pomeranzen-

Matthäus Merian, Fürstlicher Lustgarten zu Stuttgart, 1616.

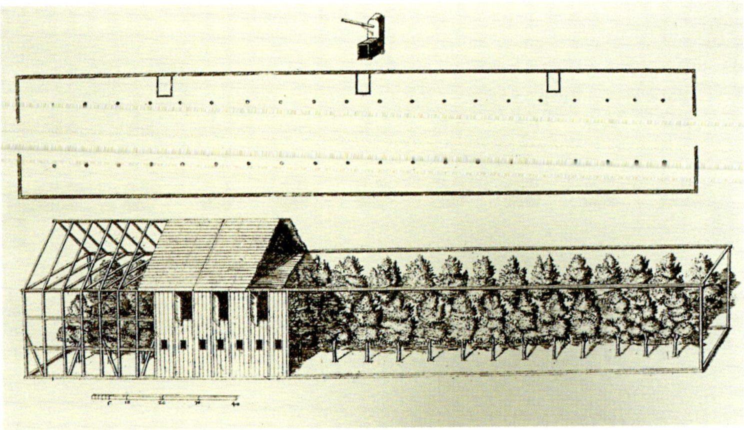

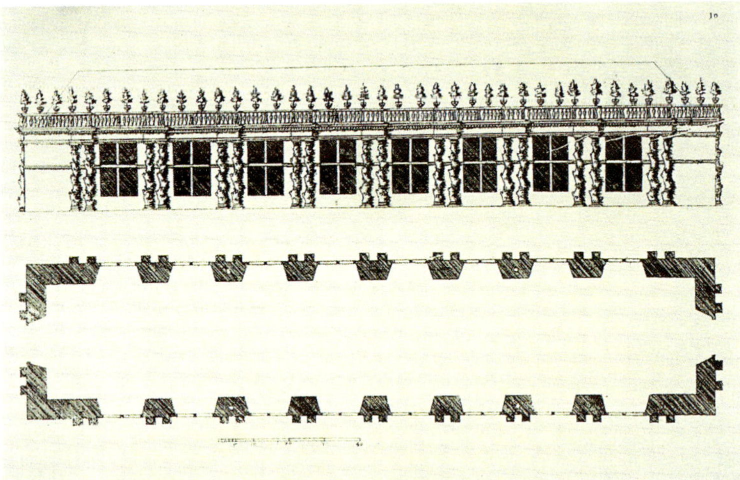

Salomon de Caus, Der Pomeranzengarten des Hortus Palatinus, Grundriss mit Darstellung eines fahrbaren Ofens und Aufriss des Gebäudes in den verschiedenen Aufbauphasen, 1620 (oben).

Salomon de Caus, Nicht ausgeführter Entwurf für ein steinernes Pomeranzenhaus mit abnehmbarem Dach, 1620 (unten).

häuser lassen sich zur gleichen Zeit auch in anderen deutschen Gärten nachweisen. Der große Aufwand des Auf- und Abbaus sowie die hohen Unterhaltungskosten veranlassten jedoch de Caus, im gleichen Stichwerk einen Entwurf für ein in Stein ausgeführtes Pomeranzenhaus vorzustellen, bei dem nur noch das Dach und die Fensterflächen abschlagbar waren. Dieser Plan kam nicht mehr zur Ausführung. Die Annahme der böhmischen Königswürde durch den Schöpfer des Gartens, Kurfürst Friedrich V. von der Pfalz (1596-1632), und der Dreißigjährige Krieg führten zur Einstellung der Arbeiten und schließlich zum Untergang des Gartens.

Die Entwicklung abschlagbarer Pomeranzenhäuser wurde auch in Berlin zur Kenntnis genommen. Sofort nach der Beendigung des Dreißigjährigen Krieges erfolgte 1647 im Berliner Lustgarten, seitlich des Schlosses, dicht an der Spree, die Errichtung eines solchen Gebäudes, bei dem die Seitenwände und die Rückwand gemauert waren. Nur noch das Dach und die Vorderfront waren abschlagbar. Durch die Überhitzung der Öfen brannte dieses Haus jedoch 1655 völlig nieder, wobei die Pflanzenbestände restlos vernichtet wurden. An gleicher Stelle entstand 1656 ein hölzernes Interimshaus mit dreischiffigem Satteldach in wesentlich größeren Abmessungen. Durch die bereits nach 30 Jahren eingetretene Baufälligkeit wurde 1685 eine völlig in

Stein ausgeführte Orangerie als repräsentativer Abschluss des Lustgartens errichtet.
Der Verfasser der *Nürnbergische Hesperides*, Johann Christoph Volkamer (1644-1720), besaß in seinem Garten in Nürnberg-Gostenhof um 1700 eine Orangerie, die an drei Seiten von Gebäuden umgeben sich nach Süden zum Garten hin ausrichtete. Auch hier waren nur noch das Dach und die Vorderfront abschlagbar. Eine Reihe von Säulen für die Auflage des Dachgebälks mit aufgesetzter Balustrade war mit den Hüterinnen der goldenen Äpfel, Aegle, Arethusa und Hesperthusa, geschmückt. So bildete das Gebäude auch im Sommer nach dem Abbau des Daches eine wirkungsvolle Kulisse für den Garten.
Eine Weiterentwicklung dieses Bautyps stellte das als technische und künstlerische Meisterleistung anzusehende abschlagbare Pomeranzenhaus im Unteren Belvedere in Wien aus der Zeit um 1700 dar. Zur Vereinfachung des Auf- und Abbaus konnte das Dach in einzelnen Segmenten auf Rollen in kurzer Zeit über die Anlage gezogen werden. Mit einer Luftheizung über unterirdische Kanäle ließ sich der Raum erwärmen. Auch in künstlerischer Sicht hatte man versucht, die Orangerie stark aufzuwerten. Reiche Blendarkaden schmückten die Mauern auf der Innenseite. Zwischen einem Wassergraben mit Fontänen und der abschlagbaren Südwand waren Figuren der Musen aufgestellt. Im Sommer erin-

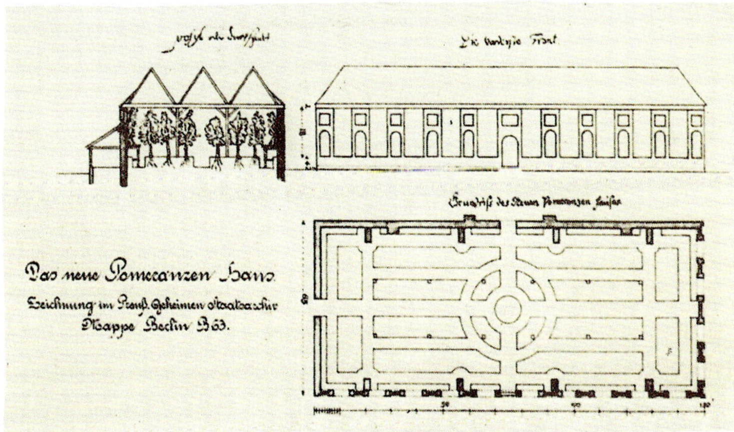

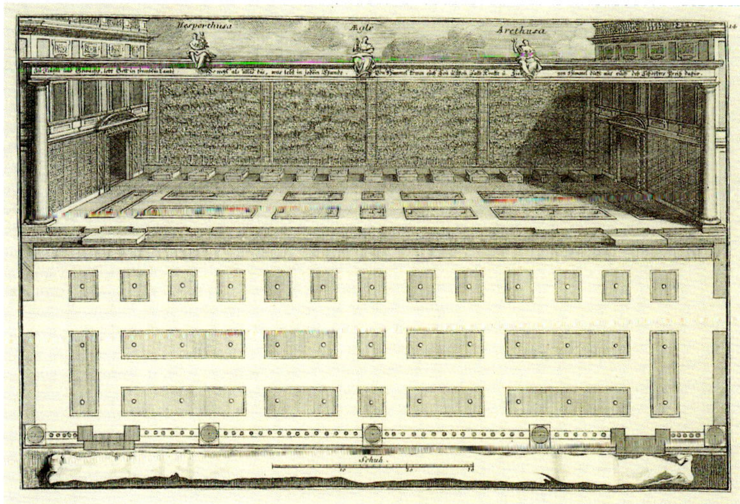

Grundriss, Aufriss und Querschnitt des 1656 errichteten, abschlagbaren Interimspomeranzenhauses im Berliner Lustgarten (oben).

J.C. Volkamer, Auf- und Grundriss des abschlagbaren Pomeranzenhauses in Nürnberg-Gostenhof, 1708 (unten).

Salomon Kleiner, Abschlagbares Pomeranzenhaus aus dem Belvederegarten in Wien, 1737, Zustand um 1715.

nerten die im freien Grund wachsenden Orangenbäume an den Hain der Musen, im Winter milderte der Anblick der Plastiken den Eindruck eines Schuppens.

Mit der Entwicklung des barocken Gartens gelang es immer weniger, ein abschlagbares Pomeranzenhaus darin einzugliedern. Trotz der Bemühungen, die Architektur ästhetisch aufzuwerten, ließ sich der Eindruck eines Schuppens nicht vermeiden. Schließlich führte auch der hohe Aufwand des Auf- und Abbaus sowie die vielseitigere Verwendbarkeit der in Kübel kultivierten Pflanzen im Garten dazu, dass die abschlagbaren Pomeranzenhäuser zu Beginn des 18. Jahrhunderts langsam verschwanden. Nur noch in wenigen Gärten Deutschlands behielt der im freien Grund wachsende Orangenhain seinen Platz. Bei den Planungen für das südliche Orangerieparterre im Ludwigsburger Schlossgarten bei Stuttgart ab 1721 wurde ein einmaliger Gedanke für nur kurze Zeit in die Wirklichkeit umgesetzt: An hervorgehobener Stelle, in der Mitte der nördlichen Begrenzung des Orangerieparterres wurde eine zweireihige Orangenpflanzung mit 36 Bäumen angelegt, die auf beiden Seiten massiv errichtete Oran-

D. G. Frisoni,
Ansicht des Südgartens am Ludwigsburger Schloss mit den beiden Orangerien und dem dazwischen befindlichen Orangenhain im abgeschlagenen Zustand, um 1721.

gerien für die Kübelpflanzen einfassten. In der Mitte des Zitrushains war ein reich verzierter „Communikationsbogen“ angeordnet, der den Blick auf eine dahinter befindliche Kaskade freigab. Die auch im Sommer am Ort verbleibenden Pfeiler als Stützen für das Dach des abschlagbaren Winterhauses bildeten mit den von einer Kugel gekrönten Pyramiden auf den Kapitellen vor dem frischen Grün der Orangen eine einmalige Abschlusskulisse für das Orangerieparterre. Durch die 1725 getroffene Verfügung über den Neubau des Corps de Logis wurden auch am Orangerieparterre Veränderungen vorgenommen, denen die Zitruspflanzung zum Opfer fiel. Herzog Carl Eugen (1737-1793) widmete seiner Orangerie stets ganz besondere Aufmerksamkeit und wünschte diese sommers wie winters in seiner Nähe zu haben. An Großartigkeit alles bisher Bekannte übertreffend, ließ er um 1760 eine stattliche Anzahl Orangen vor der gesamten Gartenfassade des neuen Corps de Logis des Ludwigsburger Schlosses einpflanzen und im Winter ein fast aus Glas bestehendes Gebäude darüber errichten. Diese größte jemals in Deutschland geschaffene Anlage eines abschlagbaren Orangenhauses bildete den Rahmen für rauschende höfische Feste.

Die alte Illusion von einem nördlich der Alpen wachsenden Orangenhain sollte noch einmal im Schlossgarten der Würzburger Residenz Gestalt annehmen. Bei seiner durchgreifenden Gartenplanung sah J. P. Mayer 1774 für eine seitliche Gartensituation eine Zitrus-

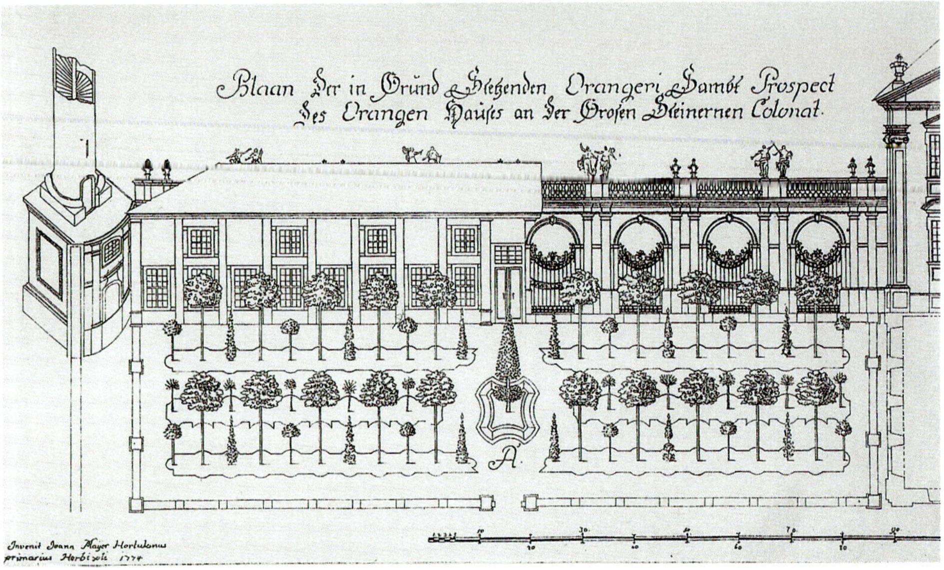

J. P. Mayer, Plan der im Grund stehenden Orangerie samt Prospekt des Orangen Hauses an der großen steinernen Kolonnade im Schlossgarten Würzburg, 1774.

Eisenkonstruktion des abschlagbaren Gebäudes mit Verglasung von H. Hübsch im Botanischen Garten in Karlsruhe, um 1930.

Eisenkonstruktion des abschlagbaren Gebäudes von H. Hübsch im Botanischen Garten in Karlsruhe, 1997.

pflanzung im freien Grund mit einem abschlagbaren Winterhaus vor. Der Tod des Fürstbischofs setzte den Arbeiten Mayers jedoch ein jähes Ende. Der schöne Gedanke wurde nicht ausgeführt.

Mitte des 19. Jahrhunderts wurde für den Schlossgarten in Karlsruhe die Vorstellung von einem überbauten „italienischen Garten" noch einmal aufgenommen. Um die zahlreichen noch vorhandenen Kübelpflanzen aus der Sammlung des 18. Jahrhunderts entsprechend präsentieren zu können, entwarf der Architekt und Baudirektor Heinrich Hübsch (1795-1863) 1852/53 Pläne für eine solche Anlage. Östlich des Torbogens entstand vor dem auf segmentbogenförmigem Grundriss

Modell des neuen Palmenhauses auf der Insel Mainau, 1998. Alle Fotos: H. Hamann.

errichteten Arkadengang ein als Eisenkonstruktion ausgeführtes abschlagbares Gebäude. Die Meinung des Baudirektors Hübsch, dass mit der großen Anzahl stattlicher Zitrus eine der „brillantesten Partien" gestaltet werden könne, deren Anblick im Freien von großartiger Wirkung und in Deutschland einzigartig sei, konnte sich jedoch nicht mehr durchsetzen. Das verstärkte Interesse der Gartendirektion für die eher zeitgemäße botanische Sammelleidenschaft, geprägt durch das Bestreben, möglichst viele neue Exoten zu besitzen, gaben dem italienischen Garten immer mehr den Charakter eines Wintergarten. Die heute im Karlsruher Botanischen Garten noch vorhandene Eisenkonstruktion ist der Rest der bis 1945 jährlich im Herbst überbauten Anlage. Die 1867 auf der Insel Mainau begonnenen Bemühungen, subtropische Pflanzen mittels abbaubarer Überwinterungshäuser im freien Grund nördlich der Alpen zu kultivieren, halten diese über Jahrhunderte getragene Illusion bis heute noch immer am Leben.

Ausgewählte Literatur

Gugenhahn, Stephan, Die Landesherrlichen Gärten zu Stuttgart im 16. und 17. Jahrhundert, Stuttgart 1997.

Hanschke, Ulrike, „Die Gartenanlagen des Landgrafen Wilhelm IV. und Moritz von Kassel im Spiegel handschriftlicher Quellen", in: Die Gartenkunst, Jg. 1991, Heft 2, S. 175-188.

Hortus Palatinus - Die Entwürfe zum Heidelberger Schlossgarten von Salomon de Caus 1620, Reprint, Worms 1989.

Heinrich Hübsch (1795-1863), Der große badische Baumeister der Romantik, (Ausstellung vom 17.12.83-25.03.84 des Stadtarchivs Karlsruhe und des Instituts für Baugeschichte der Universität Karlsruhe), Karlsruhe 1983.

Merten, Klaus, „Die Orangerien im Herzogtum Würthemberg", in: Arbeitskreis Orangerien - Tagungsbericht 2, Potsdam 1996, S. 111-122.

Zimmermann, Reinhard, „Kommentar zu Hortus Palatinus", in: Hortus Palatinus – Die Entwürfe zum Heidelberger Schlossgarten von Salomon de Caus 1620, Reprint, Worms 1989.

Tschira, Arnold, Orangerien und Gewächshäuser. Ihre geschichtliche Entwicklung in Deutschland, Berlin 1939.

Volkamer, Johann Christoph, Nürnbergische Hesperides oder die gründliche Beschreibung der edlen Citronat/Citronen/und Pomerantzen-Früchte, Nürnberg 1708, Reprint, Leipzig 1986.

Wendland, Folkwin, Berlins Gärten und Parke von der Gründung bis zum ausgehenden neunzehnten Jahrhundert, Frankfurt/M., Berlin, Wien 1979.

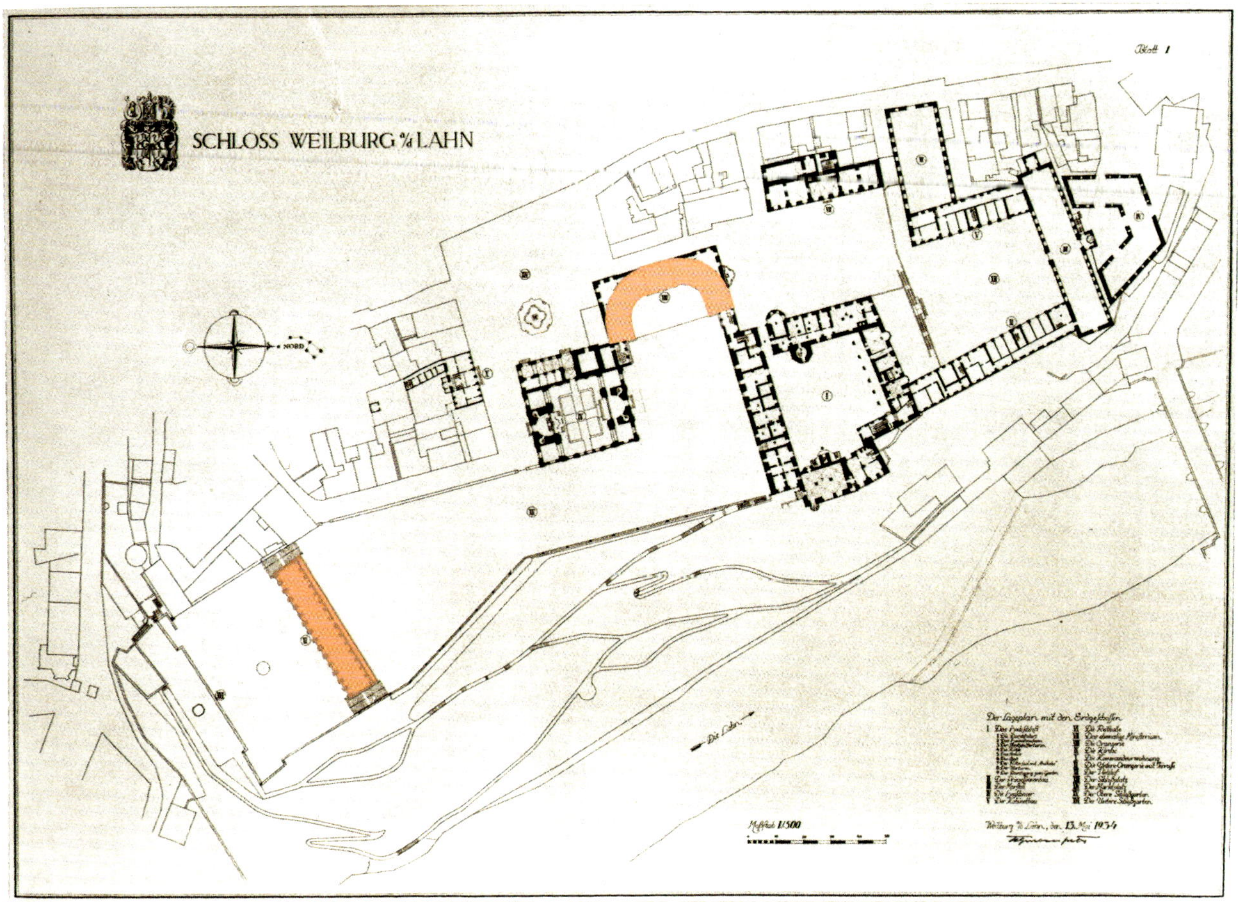

Grabenhorst, Lageplan von Schloss und Garten Weilburg mit oberer halbrunder und unterer Orangerie am Hang, 1934, Staatl. Schlösser u. Gärten Hessen.

Simone Balsam

„... man unterschiedliche solche Pommerantzen-Häuser in Teutschland findet..."

Die Orangerie im Kontext von Schloss und Garten

„Weil die Pomerantzen-Bäume/ wegen ihrer Blüthe/ ihres Geruchs/ der schönen Farbe ihrer Blätter/ welche auch den Winter hindurch bleibet/ eine der besten Zierathen eines Gartens sind [...] bauet man jetziger Zeit meistentheils die Winter- oder Gewächshäuser in den Gärten/ die dahero auch Orangerien heissen da man im Winter als in einer Galerie spatzieren kan." (D'Aviler, 1691, S. 219.)

Der Begriff Orangerie, der heute in erster Linie für das Gebäude gebraucht wird, stand im 17. und 18. Jahrhundert zunächst als Synonym für eine Sammlung verschiedener fremdländischer Gewächse, unter denen die Zitruspflanzen die beliebtesten waren. Eine möglichst umfangreiche Orangerie diente unmittelbar der fürstlichen Repräsentation und gehörte zu den kostspieligen Erfordernissen einer jeden Hofhaltung. Durch den Herkules-Mythos vom Raub der goldenen Äpfel der Hesperiden ermöglichte die Orangerie einerseits die im Barock beliebte Gleichsetzung ihres Besitzers mit dem tugendhaften Herkules, gab aber auch Auskunft über sein Weltbild und Selbstverständnis. Hier dokumentierten sich Sammeleifer, Interesse an Botanik und Exotik sowie der Wille, selbst naturgegebene Grenzen zu überwinden. Schöne, gesunde und kräftige Bäume zu erziehen, forderte des Gärtners höchste Kunst.

Im Sommer wurden die Kübelpflanzen im Garten aufgestellt und dieser Platz ebenfalls als Orangerie bezeichnet. Üblich war die Anordnung in Form eines Teatro auf halbrunden ansteigenden Rasenterrassen entweder direkt vor den Winterungsbauten oder in einem Gartenbereich sowie als Orangerieparterre. Die markanten, hochstämmigen Bäume mit beschnittenen Kronen standen auch als Einzelbäume entlang der Wege der Broderieparterres, akzentuierend an Gartenarchitekturen oder zu Alleen und Hainen gruppiert. Für die Häuser, in denen die Pflanzen im Winter untergebracht wurden, wählte man zunächst eher die Begriffe Winterhaus, Pomeranzen-Haus, Orangen-Haus und Winterung.

Eine eindeutige Definition des Bautypus Orangerie im Sinne einer Abgrenzung von anderen Glas- und Pflanzenhäusern erfolgte erst im 19. Jahrhundert. Im Unterschied zu den Gewächshäusern besteht eine Orangerie zum überwiegenden Teil aus festem Mauerwerk, was eine stärkere architektonische Gestaltung und Ausschmückung ermöglicht. Das obige Zitat des Architekten und Gartentheoretikers D'Aviler bringt deutlich zum Ausdruck, dass eine Orangerie zwar für die Überwinterung der Pflanzen errichtet wurde, ihr besonderer Charakter jedoch von der darüber hinausgehenden gesellschaftlichen Nutzung bestimmt ist. Die in schöner Ordnung aufgestellten Pflanzen eigneten sich als Anschauungsobjekte, vergleichbar den Exponaten einer Galerie. Darüber hinaus bot es sich an, den im Sommer leergeräumten Pflanzenraum beispielsweise als Festsaal für glanzvolle Bankette, Konzerte oder Theateraufführungen zu nutzen. Somit vereinte die Orangerie in idealer Weise Lust und Nutzen im barocken Garten.

Die folgenden, für die Unterhaltung und Pflege der Pflanzensammlung wichtigen Faktoren bestimmten den Bautypus: Zur Überwinterung der Kübelpflanzen ist eine Temperatur von 2° bis 8° Celsius ausreichend, die in der Regel durch Öfen oder Kanalheizung erreicht wurde. Die Zitrusgewächse benötigen in ausreichendem Maße Licht und Luft, weshalb die Ausrichtung des Gebäudes unter Beachtung der optimalen Sonneneinstrahlung meist nach Süden oder Westen erfolgte, und diese Schauseite mit großen Fenstern versehen wurde. Um das Ein- und Ausfahren der Pflanzen zu erleichtern, ordnete man große Türen an der Süd- oder auch der Ost- und Westseite an. Die übrigen Außenwände des Pflanzenraumes durften nur wenige Lüftungsöffnungen erhalten. Der Fußboden war so auszuführen, dass keine Staunässe entstand, weshalb gestampfter Lehm sowie in Sand verlegte Ziegel- oder Natursteinplatten bevorzugt wurden. Die Wände mussten dauerhaft, die Nordseite möglichst gegen Wind und Wetter geschützt sein. Zum Raumprogramm einer Orangerie gehören sowohl der Heizgang auf der Nordseite als auch weitere Räume nach Norden, im Keller oder einem oberen Geschoss, die als Lager- oder Wohnräume durch den Gärtner genutzt werden konnten und in erster Linie der besseren Isolierung dienten. Der hieraus resultierende Baukörper besitzt in der Regel eine stark durchfensterte südliche Schauseite – die möglichst dem Garten zugewandt wurde – und eine weitgehend ungegliederte, geschlossene Rückwand. Als Grundriss wurde schon mit den abschlagbaren Pomeranzenhäusern die schlichte Rechteckform erprobt und für die festen Häuser weiter verwendet. Das seitliche Anfügen von Mauern oder Treillagen und die Entwicklung von Orangeriebau-ten über gekurvten Grundrissen, trugen der gewohnten Aufstellung der Kübelpflanzen im Sommer vor dem Gebäude Rechnung.

Gegen Ende des 17. Jahrhunderts setzte nach der Überwindung der Folgen des Dreißigjährigen Krieges auch an den deutschen Höfen eine rege Bautätigkeit ein. Die neu entstehenden Schlösser und Gärten orientierten sich an italienischen und besonders französischen Vorbildern. Die Schlossensembles und Gartenanlagen waren streng symmetrisch und axial aufgebaut, das Gelände durch Achsen weiträumig erschlossen. Bei der Gestaltung konnte nun auf Fortifikationen verzichtet werden.

Zahlreiche Orangeriebauten entstanden während des 17. und 18. Jahrhunderts, der Blütezeit der Orangerien. Sie unterscheiden sich sowohl in ihrer Architektur und Ausstattung als auch ihrer Lage im Garten stark voneinander. Das Spektrum reicht vom einfachen, auf jede Ausschmückung verzichtenden Winterhaus bis hin zu aufwendig gestalteten Orangerie-Schlössern, die zwar der Überwinterung von Kübelpflanzen dienten, darüber hinaus aber vor allem repräsentative Funktionen zu erfüllen hatten. Es zeigt sich, dass die Grund- und Aufrissformen der Orangerien entsprechend den Anforderungen bereichert wurden, die sowohl durch die gärtnerische als auch die repräsentative Nutzung und die unter-

Anonym, Plan von Schloss und Garten Nymphenburg (Ausschnitt) mit den Orangerien im Ehrenhof, 1755, Bayerische Verwaltung der staatl. Schlösser, Gärten und Seen, Gärtenabteilung: A 1/4-6 (oben).

Ehemaliges Orangeriegebäude im Ehrenhof in Nymphenburg, Foto J. Albert, 1998 (unten).

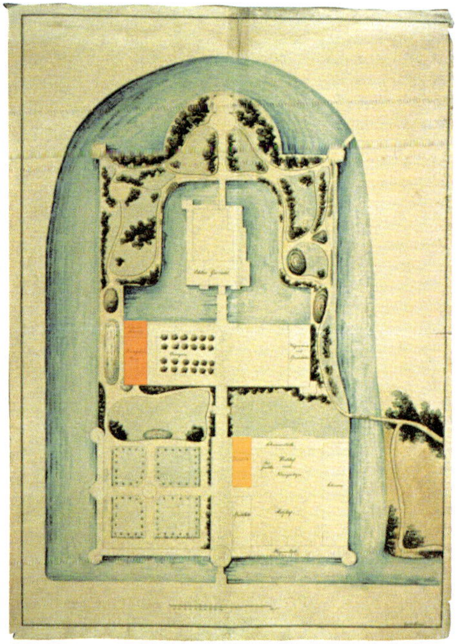

E.B. Quaet-Faslem, Plan der Schlossanlage Gesmold mit den beiden Orangerien im Vorhof, 1835, Staatsarchiv Osnabrück, Dep 55 K 41 Gesmold Nr. 1 H.

schiedlichen Stellungen im Ensemble an den Baukörper gestellt wurden. „An die Form und Gestalt eines Pomerantzen Hauses hat man sich nicht zu binden/ denn es stehet bey einem jeden Liebhaber/ solches nach Belieben und eines jeden Ortes Beschaffenheit anzuordnen." (Volkamer, 1708, S. 10.) Die historische Garten- und Architekturliteratur widmet den Orangerien meist ein eigenes Kapitel, wobei das Hauptaugenmerk der Pflanzensammlung und der Verbesserung ihrer Überwinterungsbedingungen gilt. Die Frage nach übergeordneten Gründen für die Wahl unterschiedlicher Stellungen der Orangeriegebäude im Ensemble wird selten thematisiert. Bestimmt durch die Geländesituation, die erstrebte Wirkung der Anlage und prägende Vorbilder wurde die Entscheidung für die eine oder andere Disposition und Bauausführung getroffen. Oft war es der adlige Bauherr selbst, der auf die Stellung der Orangerie in seinem Garten Einfluss nahm. Die verschiedenen Möglichkeiten der Stellung der Orangerie im Ensemble sollen im Folgenden „im Durchschreiten" einer barocken Schlossanlage vorgestellt werden.

Die Orangerie als Ehrenhofgebäude

Bereits der Empfangshof eines nach dem Vorbild Versailles angelegten Schlosses bot mit seinem von Flügelbauten gerahmten Corps de logis die Möglichkeit, die Orangerie an prominenter Stelle unterzubringen. Der Orangeriebau kann entweder in der Fluchtlinie des Schlosses angeordnet sein oder senkrecht zu ihm, so dass er die Länge des Ehrenhofes begleitet. In Auf- und Grundriss ist er völlig der Architektur des Schlosses und seiner Begleitbauten angepasst. Der eigenständige oder an das Hauptgebäude oder einen Wirtschaftsflügel angefügte Bau besitzt meist im zweiten Stock Wohn- oder Wirtschaftsräume.
Die Orangerie als Schlossflügel fand sich sehr früh in Clagny, Frankreich (1674-76). Diesem Typus entspricht auch die erste

Orangerie von Schloss Philippsruhe in Hanau (1701). Weitere Beispiele der Stellung als Ehrenhofgebäude sind die Orangerien in Salzdahlum (1688, heute zerstört), München-Nymphenburg (die erste 1725 sowie die zweite ab 1753) und Pommersfelden (um 1720). Sofern dem Bau auch ein Gartenteil axial zugeordnet ist, kann die Gartenfassade in ihrer Zugehörigkeit zu Freiraum und geselligem höfischen Leben wesentlich offener und festlicher gestaltet sein. Im sächsischen Nischwitz (1743-50) flankieren Orangerie und Küchengebäude den Ehrenhof, wobei der Orangerie im Norden einst ein reich gestalteter Garten zugeordnet war.

Die Orangerie als Vorhofgebäude

In den Vorhöfen kleinerer Schlösser oder Herrenhäuser finden sich meist relativ schlicht gestaltete Orangeriebauten. Eingegliedert in den Wirtschaftshof können sie einem Wirtschaftsgebäude gleichen und mit doppelter Nutzung belegt sein. Im westfälischen Hovestadt (18. Jahrhundert) beherbergt das südwestliche der vier Wirtschaftsgebäude Kirche und Orangerie, der nach Süden ein Separat-Garten vorgelegt ist. Auch die zwei Orangerien von Schloss Gesmold in Melle (18. und 19. Jahrhundert) sind typische Beispiele für Orangerien als Vorhofgebäude.

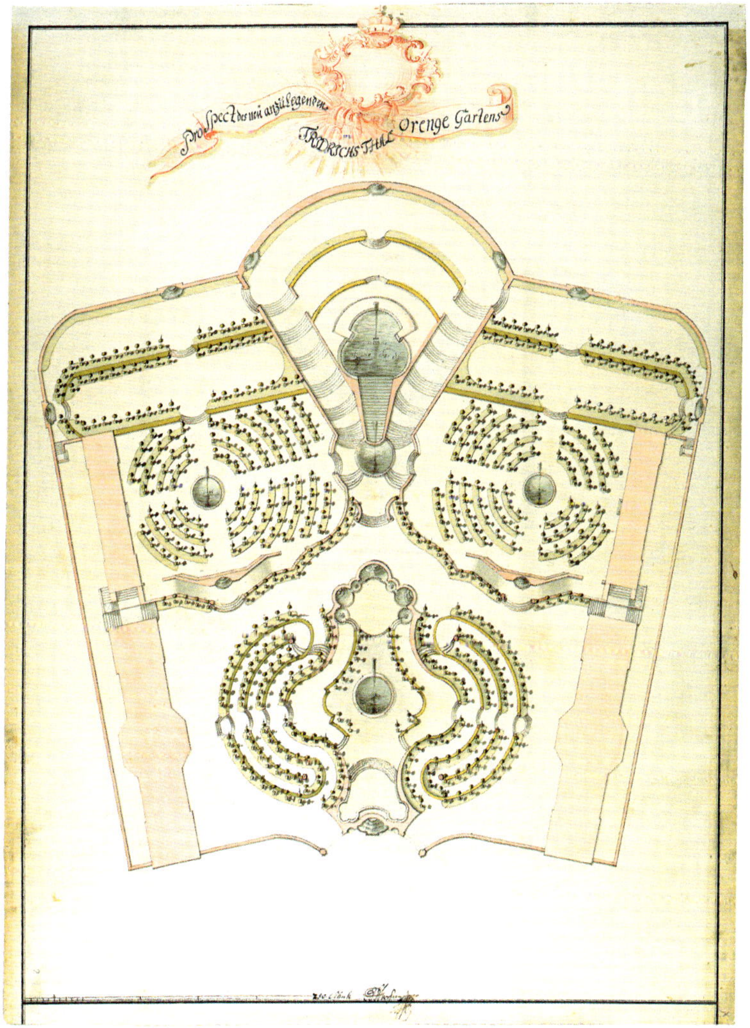

Gottfried Heinrich Krohne, Zweiter Ausführungsentwurf zum Orangeriegarten am Schloss Friedrichsthal in Gotha mit den parterrerahmenden Orangerien und Treibhäusern, 1748, Original: Thüringisches Staatsarchiv Gotha, Geheimes Archiv 00 IV Nr. 74b Bl. 2.

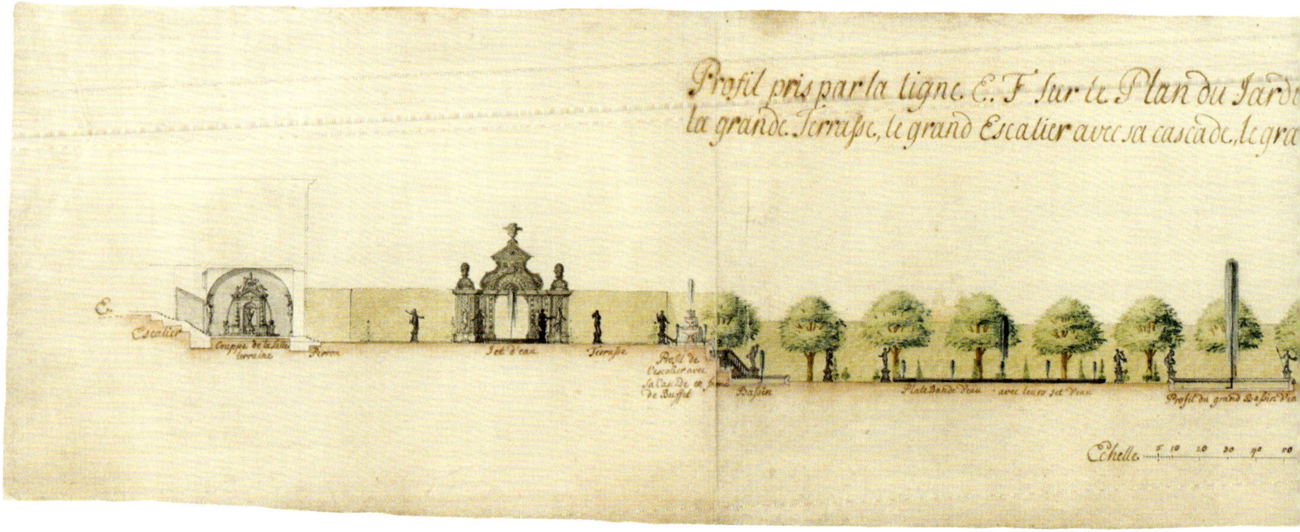

Die Orangerie als Rahmung des Schlossparterres

Diese Stellung erfordert zwei Baukörper, wobei entweder beide Bauten oder auch nur einer als Winterung genutzt wurden. Diese Orangerien finden sich auf der Grundlinie des Schlosses – auch als Schlossflügel – sowie als seitliche Rahmung der Gartenlängsachse, entweder in räumlicher Nähe zum Schloss als direkte Parterrerahmung oder entlang den Gartengrenzen in den rückwärtigen Gartenteil verschoben. Die unterschiedlichen Möglichkeiten der Anordnung wurden vermutlich unter Beachtung des Sonneneinfalls gewählt. Die genannten Varianten stehen in ihrer Betonung der Gartengrenzen alle in der Tradition des vorbarocken, allseits umschlossenen Gartens. Als Architekturen haben sie ihre Vorläufer in den gartenrahmenden Laubengängen oder Gartengalerien des 16. Jahrhunderts. Diese Orangeriebauten sind infolge der direkten Bezugnahme auf eine Gartenachse im Aufriss meist repräsentativ gestaltet und basieren auf rechteckigen oder gekurvten Grundrissen. Die Nutzung als Winterung für die Pflanzen konnte kombiniert sein mit derjenigen als Lusthaus oder auch Gärtnerwohnung. Als Beispiele der Anordnung auf der Grundlinie des Schlosses sind Berlin Charlottenburg (1708-12) und Bruchsal (1725 und 1729) zu nennen. Orangeriebauten, die das Schlossparterre seitlich rahmen, finden sich in Erlangen (1705/06) und Schwetzingen (1748-50), beide auf einem geschwungenen

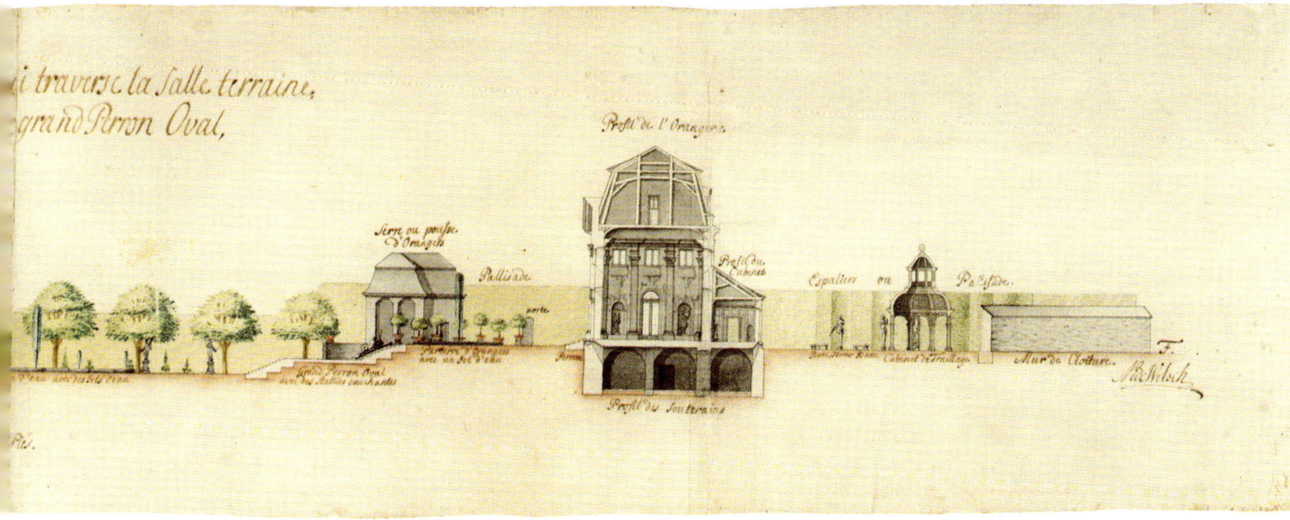

Maximilian von Welsch, Entwurf für den Schlossgarten Fulda, Längsschnitt, um 1720, Fulda, Vonderau-Museum. Von links nach rechts: Schloss, Schlossterrasse, tieferliegendes Parterre mit Fontänen, Gewächshaus, Orangerieparterre, Orangerie.

Grundriss, sowie in Gotha (1747-74); hier sind jedoch Schloss und Parterre durch eine Chaussee voneinander getrennt. Beispiele rahmender Orangeriebauten im hinteren Gartenteil, wie sie in Ludwigsburg (1709-14) sowie den westfälischen Residenzen Sassenberg (1713) und Ahaus (1697) errichtet wurden, sind nicht erhalten. Bei dieser Lage der Orangeriebauten konnte man die Gartenachsen tiefenwirksam in die Landschaft ausgreifen lassen.

Die Orangerie als Point de vue oder Abschluss der Gartenachse

Der Abschluss der Gartenhauptachse durch eine zentrale Architektur, sei es Belvedere, Gartenpavillon oder Orangerie, stellt ein Charakteristikum deutscher Gartenanlagen dar und wurde häufig in besonders wirkungsvoller Weise mit einem repräsentativen Orangeriegebäude besetzt. „Die Aufgabe, den Garten gefällig abzuschließen, bestimmt nun für Jahrzehnte die Gestalt der deutschen Orangeriegebäude." (Tschira, 1937, S. 33.) Wie bei der zuvor beschriebenen Gruppe steht auch diese Stellung der Orangerie in der Tradition des mittelalterlichen, mit Mauern umfriedeten Gartens, die in Deutschland während des Barock wirksam blieb. Die Abgrenzung des künstlerisch gestalteten Gartens gegenüber der Kulturlandschaft, der dritten gegenüber der zweiten Natur, kann somit als Errichtung eines steinernen Herrschaftszeichens interpretiert werden. In einem sol-

Orangerie als Abschluss der Gartenachse im Schlosspark Fulda, Foto S. Balsam, 1988.

chen Gebäude erhält die räumliche Entfaltung des Gartens einen Ziel- und Wendepunkt. Entsprechend ihrer Aufgabe als Point de vue sind diese Orangerien im Aufriss meist aufwendig gestaltet, mit Säulenordnungen und reichem bauplastischen Schmuck versehen, sowie auch im Grundriss sehr raumgreifend. Häufig wird der Baukörper durch Flügelbauten erweitert, mit Mittel- oder Seitenpavillons akzentuiert. Anknüpfend an die gewohnte Form halbrunder Grotten in den Gärten findet sich schon früh die Orangerie mit geschwungenem Baukörper. Hierfür stehen die zerstörten Beispiele in Berlin (1685), Gaibach (1699) und Wiesbaden-Biebrich (1707 entworfen, 1709 begonnen und bis 1721 nur ein Flügel errichtet), ebenso wie die erhaltene Orangerie in Meuselwitz (1725) oder die im Krieg zerstörte in Zerbst (1740).

Die Orangerien in Weikersheim (1719-23) und Seehof bei Bamberg (1733) verbinden den Rechteckgrundriss zweier symmetrischer Bauten mit der Teatro-Form einer Schauwand. Mit der durchbrochenen Mittelachse ist in ihnen das charakteristische Element eines Belvedere aufgenommen. Eine solche, in die Außenwelt ausgreifende Funktion ist für Orangeriebauten selten. Meist bezieht sich die Orangerie in Belvederelage zurück auf den Garten und das gegenüberliegende Hauptgebäude. Die repräsentative Orangerie in Fulda (1720-30), als Point de vue am Ende der Gartenmittelachse errichtet und wie das Schloss gegenüber dem Gartenparterre erhöht, steht auch ikonographisch im Wechselspiel zu dem Kaisersaal des gegenüberliegenden Schlosses. Typisch hierfür sind ebenfalls die Orangerien in Welda (1747-54), im Dessauer Georgium (1780) sowie in Zerbst (1740). Beispiele für Orangeriebauten, die paarig, mehr oder weniger stark zusammengehörig, auf der rückwärtigen Gartengrenze angeordnet wurden, finden sich in Dillenburg (1724-39), Bökenförde und Schloss Schwarzenraben (1760-65).

Die Orangerie in einem eigenen Orangeriequartier

In dieser Disposition kann das Orangeriegebäude nahezu jede gewünschte Stelle im Garten einnehmen. Meist nach Süden ausgerichtet wurde es sowohl als architektonische Staffage eines Lustgartenteils als auch innerhalb der Nutzgärten angelegt. Für die Orangerie im eigenen Orangeriequartier gilt, dass dieses Gebäude in idealer Weise Lust und Nutzen im barocken Garten vereinte. Diese Lage entspricht am ehesten den verschiedenen Funktionen, denen eine Orangerie gerecht werden musste. Hier konnte die von den Gartentheoretikern geforderte Nähe zum Gärtnerhaus, zu Brennstoffvorrat, Dünger und Erdmagazin erfüllt werden. Zugleich konnte aber auch dem der Orangerie zum Hauptgarten hin zugeordneten Gartenteil mit Zierbeeten und den Kübelpflanzen eine prächtige Gestaltung gegeben werden, die dieses Orangeriequartier zur anziehenden Attraktion im Garten machte. Typisch hierfür ist die zweite Orangerie in Hanau-Philippsruhe, die in einer hinteren seitlichen Gartenerweiterung ihren Platz fand (1718-22).

Wurde der Orangerie innerhalb des Lustgartens ein eigenes Quartier zugeordnet, so wirkte ihr Baukörper für dieses Quartier und möglicherweise auch darüber hinaus bestimmend auf die Gartenachsen und -räume; Nebenachsen konnten auf sie bezogen sein.

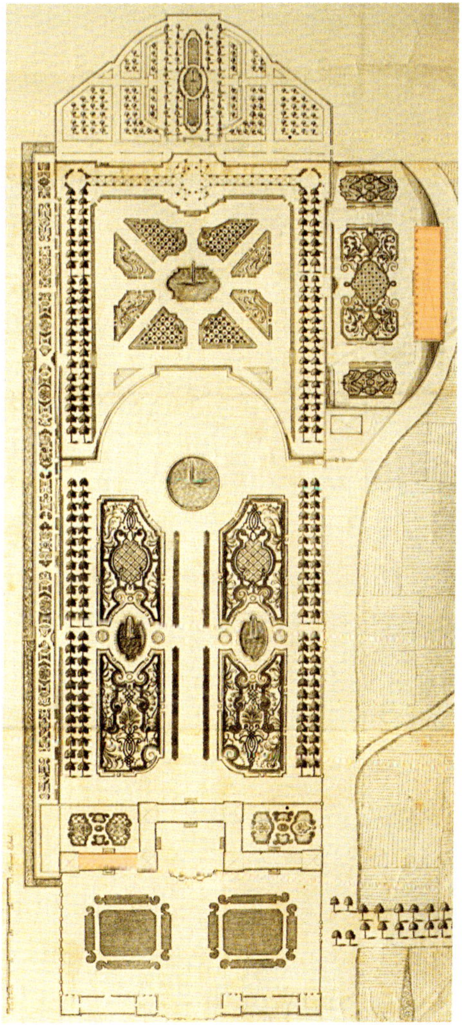

Peter Fehr, Plan von Schloss und Garten Hanau-Philippsruhe mit Orangerie im Ehrenhof und im eigenen Orangeriequartier, um 1725, Hanau, Historisches Museum.

Zudem erlaubt diese Stellung eine uneingeschränkte Entfaltung des Gartengrundrisses im Sinne des französischen Gartens, denn die Orangerie ist hier nur interner, nicht gartenbeherrschender Point de vue. Im Organismus

Johann Caspar Zehender, Orangerie im eigenen Orangeriequartier in Hanau-Philippsruhe, um 1780, Hanau, Historisches Museum.

des Gartens nimmt sie eine Rolle ein, die den vielen anderen Kleinarchitekturen des französischen Gartens vergleichbar ist, welche als besondere Attraktionen eines Gartenquartiers die Besucher anzogen und in spezifischer Weise unterhielten. Typische Beispiele sind die Orangerien in Wabern (um 1704), Altmorschen-Heydau (1695-97) und Biendorf (1760-63).

Je nach der Lage im Garten und der beabsichtigten Nutzung der Orangerie waren auch für die Baugestaltung die größten Variationsmöglichkeiten von schlicht-zweckmäßiger bis hin zu aufwendiger Lustschloss-Gestaltung gegeben. Der Bau selbst wandte seinem Garten meist die mit den großen Glasfenstern, mit architektonischem, bauplastischem oder malerischem Schmuck ansprechend gestaltete Südfassade zu. Den Pflanzensälen konnten weitere Räume nur für die gesellschaftliche Nutzung angefügt werden. Diese Stellung der Orangerie im Ensemble ist für deutsche Gartenanlagen des Barock charakteristisch, was die Vielzahl der erhaltenen Beispiele belegt.

Eine Sonderform stellt in diesem Zusammenhang das Orangerie-Gewächshaus dar, das immer in einem eigenen Quartier errichtet wurde. Orangerie-Gewächshäuser besitzen meist eine schräg gestellte, völlig verglaste

Südfassade mit einem darüber sich wölbenden Sonnenfang. Diese mehr oder weniger stark ausgeprägte Hohlkehle besteht aus einer verkleideten Holzkonstruktion, die sowohl der Verbesserung der Licht- und Wärmeeinstrahlung als auch dem Witterungsschutz diente. Orangerie-Gewächshäuser stellen eine relativ späte Variante der Orangeriebauten (ab 1730) dar, auf die unmittelbar Einflüsse des Glashausbaus eingewirkt haben. Die zunehmende Auflösung der Wand in Glasflächen war erst seit dem Ende des 17. Jahrhunderts durch die Herstellung von Tafelglas mittels Gieß- und Walztechnik möglich. Die bereits 1699 in den Gottorfer Gärten errichteten Gewächshäuser gehören zu den frühesten Beispielen in Deutschland. Im Unterschied zu diesen reinen Glashäusern diente das Orangerie-Gewächshaus vorrangig der Überwinterung der Kübelpflanzen. Schlichte Bauten auf rechteckigem Grundriss, wie in Seligenstadt (1757), können mit plastischen oder malerischen Details geschmückt sein, beispielsweise in Bronnbach o. d. Tauber (1773), wo der gewaltige Sonnenfang mit figurenreichen allegorischen Szenen bemalt ist. Solche Zier weist darauf hin, dass hier keinesfalls ein reiner Zweckbau in einem abgelegenen Gartenteil errichtet worden ist, sondern zeigt, welch hohem gesellschaftlichen Anspruch auch ein solches Gebäude genügen konnte.
Die Kombination mit Mittel- oder Seitenpavillons bereicherte auch die Orangerie-Gewächshäuser um weitere Nutzungen. In solcher Art zusammengefügte Bauten konnten beispielsweise als Orangerie mit Treib- und Gewächshausflügeln dienen (so bei dem 1838-41 errichteten Bau im Schlosspark Fürstenau in Michelstadt-Steinbach), als Winterung mit mittlerem Teesalon und Gärtnerwohnung in den Seitenpavillons (wie in Escheberg-Zierenberg, um 1800) oder auch als Orangerie mit einer im zweigeschossigen Mittelteil eingefügten Gärtnerwohnung (in Röhrsdorf bei Dresden, 1787). Im thüringi-

Detail des bemaltem Sonnenfangs am Orangeriegewächshaus in Bronnbach o. d. Tauber, Foto S. Balsam, 1989.

Orangeriegewächshaus mit Mittelpavillon und seitlichen Sonnenfanghäusern in Michelstadt-Steinbach im Odenwald, Schloss Fürstenau, Foto S. Balsam, 1988.

Schlosspark Großsedlitz mit der unteren Orangerie am Hang, Sächsische Schlösserverwaltung, Foto H. Boswank, 1997.

schen Bendeleben (um 1760) sind dem Orangerie-Mittelpavillon seitliche Gewächshausflügel mit ausladenden Sonnenfängen angefügt. Heute ist vielfach nur unter Berücksichtigung historischer Pläne zu klären, ob die zugehörigen, inzwischen veränderten Gärten reine Küchen- oder auch Lustgärten waren. Es ist jedoch davon auszugehen, dass die beiden Ebenen Lust- und Nutzgarten nicht strikt voneinander zu trennen sind, denn auch die Gemüse- und Obstzucht genoss hohe Wertschätzung. In Potsdam-Sanssouci wurden 1747 westlich vom Schloss, etwas tiefer gelegen, eine Orangerie und östlich zunächst ein großes Gewächshaus mit Sonnenfang errichtet. Beiden war ein eigener, abgeschlossener Gartenraum zugeordnet.

Orangerien in Hanglage

Terrassenorangerien stellen eine in verschiedener Hinsicht außergewöhnliche Kategorie dar. Geeignet zur Anlage in einem Gartengelände mit größeren Höhenunterschieden, wurden sie an sinnvollen Stellen im Ensemble in den verschiedenen Dispositionen errichtet. „Die an einen Berg angebaute oder unter denen Auswölbungen eines Absatzes stehende, und von vorne der Sonnen entgegen gesetzte [Winterungen] sind vortrefflich.“ (Dézallier d' Argenville, 1709, S. 287.) Die Orangerie in Versailles, 1684-86 unter der Terrasse des Parterre du Midi errichtet, war das viel bewunderte und oft zitierte Vorbild für diese Lage. Bauten, die rückwärtig in eine Geländestufe eingebettet sind, wurden lange Zeit von den Theoretikern mit der Begründung propagiert, dass sie durch den Hang den wirkungsvollsten Schutz des Pflanzenraumes vor kalten Winden und gleichzeitig eine wärmespeichernde Funktion besäßen. Auch für die im Sommer vor dem Haus aufgestellten Kübelpflanzen würde ein besonders gutes Kleinklima entstehen. Es verwundert daher, dass sich nur wenige Nachfolgebauten finden.

Ein besonders frühes Beispiel, bei dem vermutlich die Gunst der Lage ausgenutzt wurde, ist die Orangerie der Höhenresidenz in Baden-Baden, die in den Substruktionen des 1584 am Südhang errichteten Remisenbaues seit 1657-80 eingerichtet wurde. Die nicht mehr erhaltene Orangerie im ehemaligen Boseschen Garten in Leipzig war 1691 im Scheitelpunkt der ansteigenden halbrunden Terrassenanlage, rückwärtig in den Hang eingebettet, errichtet worden. Sie beherrschte ein eigenes Gartenquartier.

Die in die Substruktionen eines Hanges eingefügten Orangerien besitzen ihre Vorläufer in den italienischen Terrassengärten und Futtermauergrotten. Neben den Schwierigkeiten, die ihre Isolierung gegen eindringende Feuchtigkeit und der Bau begehbarer Flachdächer bereiteten, wird auch die Herkunft aus dem Terrassengarten ein Grund dafür gewesen sein, dass dieser Typus kaum Nachfolge fand, da man den in der Ebene ausgebreiteten Garten französischer Art den stark terrassierten Anlagen vorzog. Vom Vorbild in Versailles inspiriert sind die unteren Orangerien in Weilburg (1710-14), mit begehbarem Flachdach, und Großsedlitz (1720-21). Letztere besaß bis in die dreißiger Jahre dieses Jahrhunderts ein Walmdach, was vermutlich aus Gründen der Isolierung gewählt wurde. Die Orangerien am Benediktinerkloster St. Michael in Bamberg (um 1750), in Wechselburg (1725/26, zerstört) und Friederikenberg bei Zerbst (um 1708, zerstört) wurden ebenfalls an den Hang gebaut.

Die Orangerie als Lustschloss

Die Orangerie als Lustschloss ist ein stattlicher und architektonisch aufwendig gestalteter Baukörper, der in der Regel das Achsensystem eines auf ihn bezogenen Gartens beherrscht. Die Ausschmückung der ursprünglich schlichten Orangerie zu einem für höfische Festlichkeiten geeigneten Lusthaus war bereits eine Vorstufe zu diesem Bautypus.

Die Bereicherung des Aufrisses durch die Einfügung eines Mittelpavillons, wie auch die Unterteilung seitlich angefügter Räume in zwei Stockwerke, schufen die architektonischen Voraussetzungen, in der Orangerie die Überwinterungs- mit den Wohn- und Gesellschaftsräumen des Fürsten zu vereinen.

Zu dem Bau einer Orangerie als Lustschloss kam es meist, wenn ein altes Schloss als Residenz beibehalten, für die Planung einer neu-

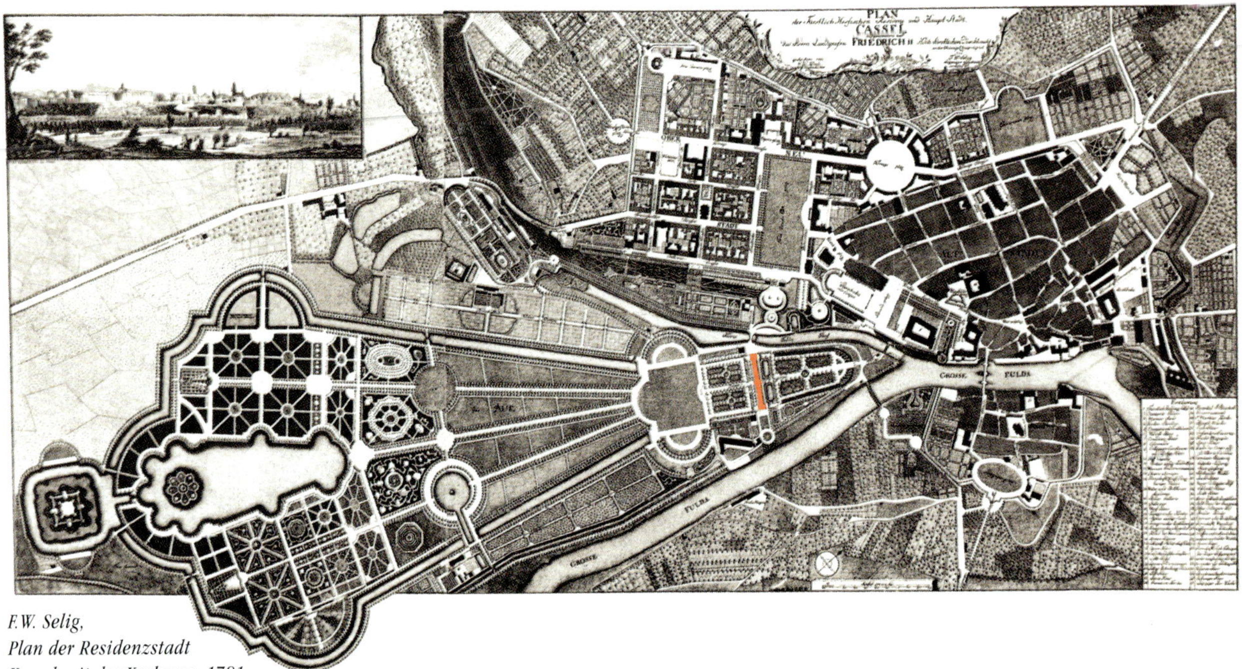

F.W. Selig,
Plan der Residenzstadt Kassel mit der Karlsaue, 1781, Staatl. Schlösser u. Gärten Hessen.

en Gartenanlage jedoch ein bezuggebendes repräsentatives Gebäude benötigt wurde. Die Orangerien mit den ihnen zugehörigen Pflanzen boten der herrschaftlichen Repräsentation einen Rahmen voller allegorischer Bezüge, deren Aussagekraft durch plastische und malerische Ausgestaltung beliebig zu verstärken war.

Typische Beispiele sind die Orangerieschlösser in der Karlsaue in Kassel (1702-07), im Bessunger Orangeriegarten in Darmstadt (1719/20), die beiden Oranienburg genannten Bauten in Nordkirchen (1715-27) und Velen (1751-54) sowie das Sommerpalais in Greiz (1769-89).

Die Neue Orangerie in Potsdam-Sanssouci, das vermutlich späteste Beispiel dieses Typus, wurde 1851-64 von Ludwig Persius und Friedrich August Stüler errichtet. Die langen Hallen dienten der Orangerie als Winterquartier, während der betonte Mittelbau mit den Türmen als Belvedere eine königliche Gästewohnung und die Eckpavillons Raum für das Hofpersonal enthielten.

Bei anderen, einen Garten eigenständig beherrschenden Bauten beschränkte sich die gesellschaftliche Nutzung auf glanzvolle Festlichkeiten. Das berühmteste Beispiel hierfür ist der Dresdner Zwinger, 1710-19 unter August dem Starken errichtet und zunächst pro-

Orangerieschloss in der Karlsaue, Foto S. Balsam, 1989.

visorisch fertiggestellt, um als einer der repräsentativen Festorte anlässlich der Hochzeit des Kronprinzen Friedrich August mit der habsburgischen Kaisertochter Maria Josepha zu dienen. Weitere Beispiele sind die Orangeriegebäude in Erbach (um 1625, später verändert), Ansbach (1726-28) und Ellingen (um 1740).

Die Weiterentwicklung der ursprünglich als Winterungsgebäude für Kübelpflanzen konzipierten Orangerie zu einem Lustschloss hatte den Baukörper überformt und gleichzeitig verfeinert. Der – wenn auch nur zeitlich begrenzte – Aufenthalt eines Hofstaates konnte der gärtnerischen Nutzung nur wenig dienlich sein.

Zeigt sich hier einerseits exemplarisch die besondere Wertschätzung und Allegorisierung der Pflanzensammlung, so ist andererseits ein Höhepunkt dessen erreicht, was eine Orangerie an zusätzlichen Nutzungen vertragen konnte, bevor sie aufhörte, ein Pflanzenraum zu sein.

Ausgewählte Literatur

Balsam, Simone, Orangerien - Bauten im Spannungsfeld zwischen Architektur und Natur, Diss. Universität Marburg 1989.

D'Aviler, Augustin Charles, Cours d'architecture, Paris 1691; Übersetzung von L. Ch. Sturm, Augsburg 1725-1759.

Dézallier d' Argenville, Antoine Joseph, La Théorie et la Pratique de Jardinage, Paris 1709.

Hesse, Heinrich, Teutscher Gärtner, Leipzig 1710, (Überschriftzitat, S. 17.).

Tschira, Arnold, Orangerien und Gewächshäuser, Freiburg 1937.

Volkamer, Johann Christoph, Nürnbergische Hesperides, Nürnberg 1708.

„...zur noth und zur lust" Orangerien und Gewächshäuser in den Gärten westfälischer Schlösser, Kat. Ausst. Münster 1988.

Rosemarie Münzenmayer

Die Orangerie im Schlossgarten Weikersheim

Als finaler Abschluss eines festlichen Gartenraumes, in dem olympische Götter die Aura eines paradiesischen Kosmos vermitteln, bildet die Orangerie im Weikersheimer Schlossgarten einen glanzvollen Höhepunkt. 1719 im Auftrag von Graf Carl Ludwig von Hohenlohe durch den Ingenieurarchitekten Christian Lüttich entworfen und bis 1723 erbaut, wurde sie nicht nur zur Überwinterung von einer großen Anzahl Kübelpflanzen, insbesondere Zitrus, sondern auch als Festraum genutzt.

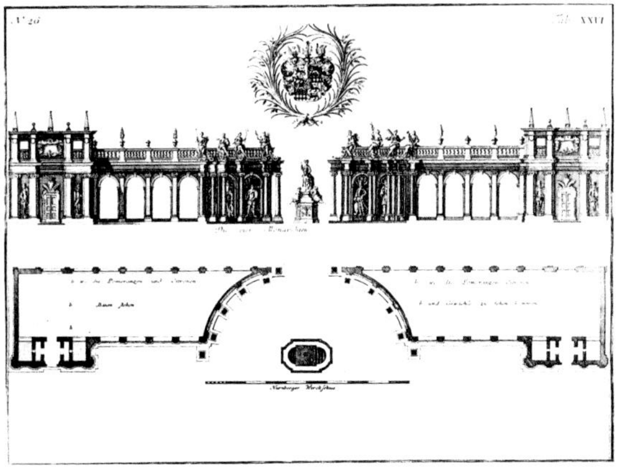

Georg Peter Schillinger, „Prospect und Grundriß der Orangerie", aus: G.P. Schillinger, Architectura Civilis, Nürnberg 1745, Foto M. Schuler.

Die Orangerie markiert zusammen mit dem Orangerieparterre den südlichen Abschluss des Lustgartens. Die über den Garten in die Landschaft zielende Mittelachse trennt die Orangerie in zwei Flügel, die an der Außenseite je einen Pavillon aufweisen. In der Mitte schwingen sie mit vorgelagerten Kolonnaden zurück. Die so gebildete Bühne diente zur Inszenierung des ikonographischen Höhepunktes. Hier stand bis 1856 das monumentale, teilweise vergoldete Reiterstandbild des Grafen Carl Ludwig, zu seinen Füßen Sklaven und Trophäen. Den Rahmen bildeten die vier Weltenherrscher sowie die Personifikationen von Krieg und Frieden in den Nischen der Kolonnaden. Auf der Attika sitzen Jupiter und Herkules – Sinnbilder für Kraft und Weisheit – die das gesamte Figurenprogramm des Gartens bestimmen, sowie weitere Gottheiten, dazu Obelisken und Kugeln als emblematische Herrschaftssymbole. Der östliche Pavillon stellt direkten Bezug zum Herrscher her: Über der Tür ist das hohenlohische Wappen mit Grafenkrone angebracht. In den beiden Seitennischen stehen Minerva und Diana für Kriegsführung, Wissenschaft und Jagd, die von Carl Ludwig ausgeübten Beschäftigungen. Der westliche Pavillon ist auf die Hausherrin bezogen. Er zeigt das öttingensche Wappen mit Fürstenhut. In den Seitennischen stehen Juno und Venus als Symbole weiblichen Strebens nach Ehe und Treue beziehungsweise Schönheit und Liebe.

Blick von Nordosten auf die Orangerie, Foto E. Reinhold, 1994.

Bis 1750 war das Dach der Orangerie abschlagbar, eine große Anzahl der Zitrusbäume ausgepflanzt. Danach wurde sie in eine gedeckte Orangerie mit reinem Kübelpflanzenbestand umgewandelt. Das Orangeriegebäude beherbergte eine beachtliche Pflanzensammlung. Nach einem Inventar von 1745 standen hier insgesamt 721 Pflanzen, darunter 476 Zitrus in Kübeln und Kästen. Dazu kamen noch 800 bis 1000 „indianische" Gewächse in „Scherben" sowie 900 Töpfe mit Nelken und Aurikeln. Im Sommer wurden die repräsentativsten Pflanzen wohlgeordnet im Orangerieparterre aufgestellt.

Im 19. Jahrhundert verfielen die prachtvollen Gebäude. Der wertvolle Pflanzenbestand wurde teilweise auf andere Residenzen verteilt, teilweise versteigert. Bei einer provisorischen Instandsetzung und Modernisierung des Gartens 1862/64 diente die Fassade nurmehr als Staffage.

Dank den Bemühungen des Landes Baden-Württemberg konnte der Orangerie 1997 ihre ursprüngliche Bestimmung wieder zurückgegeben werden. Heute bietet sich hier dem Besucher die Möglichkeit, sowohl das Flair der barocken Zitrusleidenschaft zu genießen, als auch in ihren Mauern fröhliche Feste zu feiern.

Ausgewählte Literatur:

Münzenmayer, Rosemarie, Die Orangerie in Weikersheim, in: Jahrbuch des Historischen Vereins für Württembergisch Franken Bd. 81, 1997, Stuttgart 1996.

Claudia Gröschel

Von der Orangerie zum Glashaus

„Allein man machte aus den Orangerien doch mehr als man sollte, da man glaubte, daß kein deutscher Garten ohne sie schön seyn könnte; ein Wahn, der nicht blos die Fürsten, sondern auch die reichen Bürger beherrschte. Die Unterhaltung einer großen Orangerie in Deutschland ist nicht allein deswegen abzurathen, weil sie sehr kostbar ist und viele Wartung erfordert, sondern auch, weil diese Bäume unter uns nur kranke Fremdlinge sind, die, unserer rauhen Luft ungewohnt, sich immer nach den Gewächshäusern, ihren Spitälern, sehnen." (Hirschfeld, 1780, Bd. 2, S. 75.)

Glashaus im Park von Schwöbber, aus: Volkamer, 1714.

Die Kritik des einflussreichen Gartentheoretikers Hirschfeld an den Orangerien steht zeitgleich mit dem Übergang von der Orangerie zum Glashaus; sie führte jedoch nicht zu einem verringerten Interesse am Sammeln exotischer, für das mitteleuropäische Klima ungeeigneter Pflanzen. Jetzt, am Ende des 18., vor allem dann im 19. Jahrhundert betrieb man die Kultivierung exotischer Pflanzen unter veränderten Vorzeichen weiter, intensivierte sie und weitete sie aus. Die Faszination, die von diesen Pflanzen ausging, war unverändert groß. In den Pflanzensammlungen, deren Zusammensetzung sich stetig geändert hatte, waren die typischen Orangeriepflanzen des 17. und frühen 18. Jahrhunderts inzwischen kaum mehr vertreten. Durch immer intensivere Handelsbeziehungen mit tropischen und subtropischen Ländern, aber auch durch Forschungsreisende wie Alexander von Humboldt wurden im 18. und 19. Jahrhundert aus Südamerika, Südafrika und Westindien eine Vielzahl exotischer Pflanzen, vor allem Palmen, eingeführt. Eine wichtige Rolle spielte dabei das Britische Empire als größte Kolonialmacht. Die Verfolgung ökonomischer Interessen in den Kolonien ging mit ihrer wissenschaftlichen Erforschung einher. Große Mengen tropischer Pflanzen wurden so nach England gebracht, darunter ein großer Teil Nutzpflanzen wie Bananen, Kaffee, Kakao und Palmen. Nicht nur in den Royal Botanic Gardens in Kew wurden diese Pflanzen kultiviert, sondern auch in einer Vielzahl von kleineren botanischen Sammlungen, die oft in privater Hand waren. Gleiches gilt für die Pflanzensammlungen auf dem europäischen Kontinent.

Das Sammeln von Pflanzen unter naturkundlich-wissenschaftlichen Aspekten bekam im-

Orangeriegewächshaus mit Sonnenfang im Klostergarten Seligenstadt, Foto M. Handke, 1995.

mer größere Bedeutung. Bedingt durch die seit dem 18. Jahrhundert gewonnenen Erkenntnisse in der Systematik der Pflanzen durch Naturforscher wie Carl Linné, Bernard de Jussieu oder Alexander von Humboldt wurde nicht mehr die Einzelpflanze in den Vordergrund gestellt, sondern man setzte in Anlehnung an ihr natürliches Vorkommen ganze Pflanzengesellschaften zusammen. Die Nachbildung ihres natürlichen Standortes und ihre zum Teil monumentale Größe erforderten in der Regel das Auspflanzen. Anders als die Orangeriepflanzen benötigten diese Exoten keine winterliche Vegetationsruhe. Voraussetzung für ihre Kultivierung war daher ein ganzjährig temperiertes Pflanzenhaus, das gleichzeitig einen hohen Lichteinfall gewährleistete. Ebenso wie in den fürstlichen Anlagen wurden nun in den botanischen Gärten, die vor allem seit den Universitätsgründungen im 16. Jahrhundert in vielen europäischen Städten entstanden waren, Pflanzenhäuser aus Eisen und Glas errichtet.

Neben den Pflanzen waren technische Neuentwicklungen Voraussetzung für den Bau der Glashäuser. Einzelne Glashäuser waren bereits zu Beginn des 18. Jahrhunderts errichtet worden, wie das aus Holz und Glas konstruierte Gewächshaus von Otto von Münchhausen im Park von Schwöbber bei Bad Pyrmont. Mit der Entwicklung großer Glasplatten durch Gieß- und Walztechnik konnten nun wesent-

W. Kretschmer, Palmenhaus im Berggarten Hannover-Herrenhausen, um 1858, Grünflächenamt Herrenhäuser Gärten, Hannover.

lich größere Flächen verglast werden, als es mit dem kostspieligen geblasenen Glas möglich war. So entstanden zunächst Pflanzenhäuser mit gemauerten Rück- sowie Seitenwänden und einer verglasten Südfassade. Die Fenster waren in ein Holzgerüst eingelassen, wie es bei den zahlreichen ab Mitte des 18. Jahrhunderts in Deutschland errichteten Schwanenhals- oder Sonnenfanggewächshäusern zu beobachten ist. Die architektonische Gestaltung war nebensächlich, die Funktionalität stand im Vordergrund. Die Entwicklung von besseren Heizsystemen im 18. Jahrhundert, die die Wärme gleichmäßig in der Pflanzenhalle verteilten, war Voraussetzung für eine weitere Öffnung der Gebäude. Vor allem die Warmwasserheizung, die bereits den Römern bekannt war, dann erstmals in Paris 1777 durch den Arzt Bonnemain wieder zum Einsatz kam und Anfang des 19. Jahrhunderts in England weiter entwickelt worden war, ermöglichte es, die gemauerte nördliche Wand ebenfalls als „Glaswand" auszubilden. Endgültige Verbreitung fanden diese Häuser jedoch durch die industrielle Eisenherstellung. Hatte sich die Entwicklung der Orangerien vorwiegend auf dem Kontinent vollzogen, so war England für die Glashäuser Vorbild. Die Industrialisierung hatte in England bereits im späten 18. Jahrhundert eingesetzt, und durch veränderte Produktionsverfahren in der Eisenherstellung konnten nun größere Mengen zu immer niedrigeren Kosten hergestellt werden. Dieser Baustoff war bislang in Form von Schmiedeeisen als Armierung, Ringanker oder Zugstab, also als statisches Hilfsmittel eingesetzt worden. Durch das Ende des 18. Jahrhunderts entwickelte Verfahren zur Herstellung von Gusseisen war Eisen nun ein eigenständiger, formbildender Baustoff.

Es war nun möglich, die massiven steinernen oder hölzernen Pfeiler der Glashäuser durch filigrane Eisenstützen zu ersetzen, so dass die Gebäude zu einer gläsernen Hülle für die Pflanzen wurden. Die Rasterung der Gebäude, das heißt die Abfolge gleicher Elemente, ermöglichte eine industrielle Fertigung. Gusseiserne Formteile ließen sich in beliebigen Mengen herstellen. Die Bauweise war somit nicht nur kostengünstiger, sondern auch moderner. Auch die Herstellung von Schmiedeeisen konnte technisch verbessert werden, so dass durch eine höhere Elastizität des Eisens gebogene Sprossen für gläserne Kuppeln mit immer größeren Spannweiten hergestellt wurden.

Darüber hinaus war das Eisen weniger anfällig gegenüber dem tropisch feuchten Klima, das rasch zu Schäden an den Holzpfeilern der Gebäude führte. So musste etwa das 1821 errichtete hölzerne Palmenhaus Karl Friedrich Schinkels im Alten Botanischen Garten in Berlin bereits 1830 wegen Baufälligkeit abgerissen werden. Dem Nachteil der Kondenswasserbildung aufgrund der guten Wärmeleitfähigkeit des Eisens und des daraus resultierenden Rostes versuchte man mit doppelter Verglasung, Schwitzwasserrinnen und regelmäßiger Erneuerung des schützenden Anstrichs der Eisenteile entgegenzuwirken. In Deutschland wurde jedoch erst ab den 20er-Jahren des 19. Jahrhunderts das Holz allmählich durch Eisen ersetzt. Auch wurde Gusseisen oft nur als Fassadendekor den hölzernen Pfeilern vorgeblendet oder für Fensterrahmen verwendet, wie zum Beispiel beim Palmenhaus im Berggarten in Hannover-Herrenhausen, 1846-49 von Georg Ludwig Friedrich Laves errichtet.

Beim Bau von Pflanzenhäusern war grundsätzlich weniger eine repräsentative architektonische Form wie für die Orangerie von Bedeutung, sondern vielmehr ein durch moderne Technik reguliertes Kleinklima für die Pflanzen. Obwohl die Pflanzenhäuser eher funktionalen als ästhetischen Ansprüchen genügen mussten, standen die frühen Häuser noch in der Bautradition der Orangerie. Der weit verbreitete Orangerietypus mit Mittelpavillon, langgestreckten Pflanzenhallen und abschließenden Eckpavillons lässt sich in zahlreichen Pflanzenhäusern wiederfinden, zum Beispiel im Gewächshaus im Alten Botanischen Garten in München (1818 von Friedrich Ludwig von Sckell errichtet, um 1860 abgerissen und durch das Große Palmenhaus ersetzt) oder im Großen Pflanzenhaus in Kassel-Wilhelmshöhe (1822 von Karl Friedrich Bromeis erbaut, 1887 vor allem im Bereich des Mittelpavillons stark verändert). Da die Sammlungen in der Regel Pflanzen unterschiedlicher Klimazonen umfassten, bot die Unterteilung in verschiedene

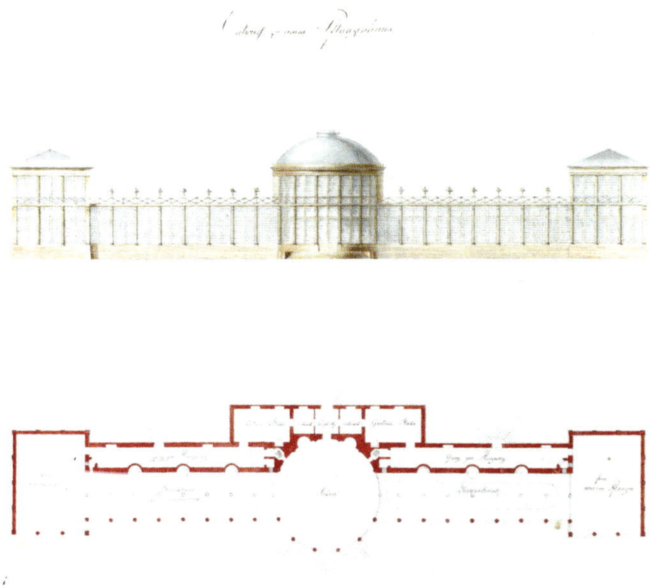

Johann Christoph Bromeis, Entwurf für das Große Pflanzenhaus im Park Wilhelmshöhe, Kassel, 1822, Stiftung Preußische Schlösser und Gärten Berlin-Brandenburg.

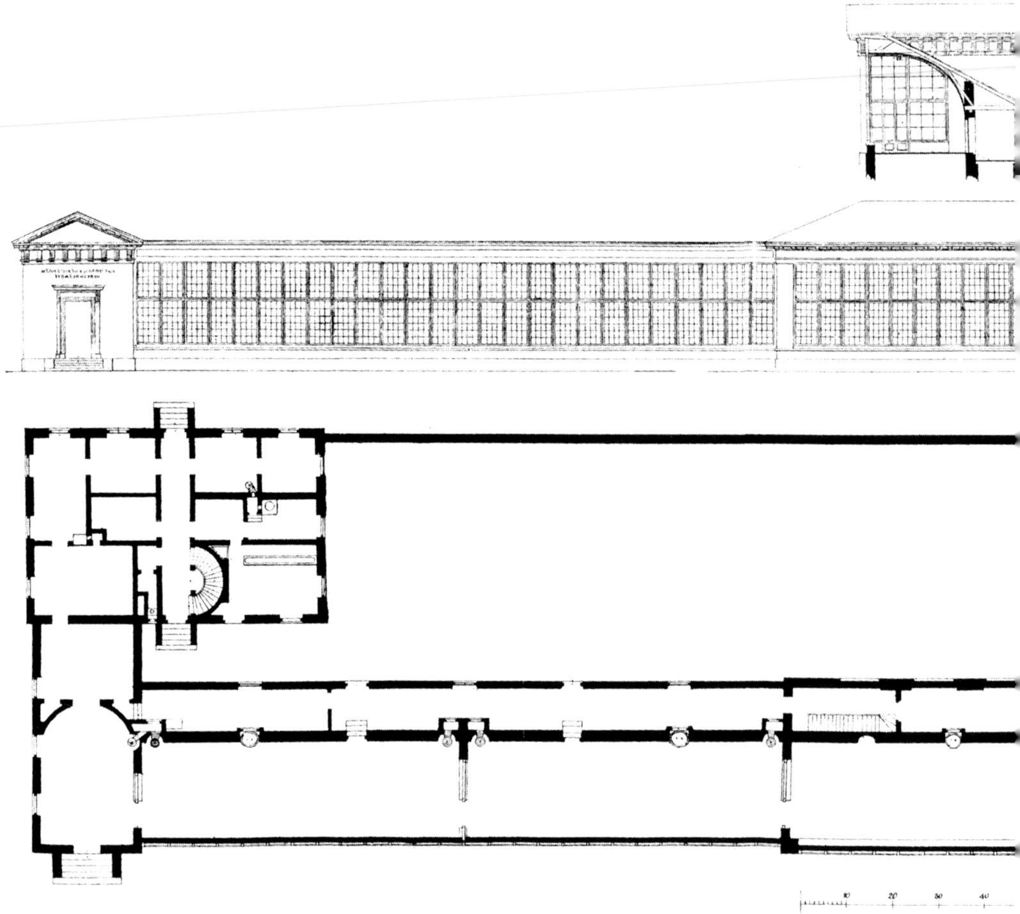

Friedrich Ludwig von Sckell, Gewächshaus im Alten Botanischen Garten in München, 1818, aus: Sckell, 1825.

Bauteile beste Voraussetzungen für ihre jeweiligen Ansprüche. Der über die Pflanzenhallen hinausragende Mittelpavillon diente in der Regel als Palmensaal, die seitlichen Flügel als Kalt- und Warmhäuser. Auch in der Baudekoration fand eine Anlehnung an den Steinbau statt. So schreibt Sckell über das Gewächshaus im Alten Botanischen Garten in München: „Ich habe dem Gewächshaus einen architektonischen Werth (weil dieses bei Gebäuden der Art selten der Fall ist) dadurch zu geben getrachtet, daß ich die beiden End=Portale oder Eingänge mit der dorischen Ordnung, nach den reinsten Verhältnissen und Regeln der Baukunst, geziert und mit Frontons versehen habe." (Sckell, 1825, S. 181.) An

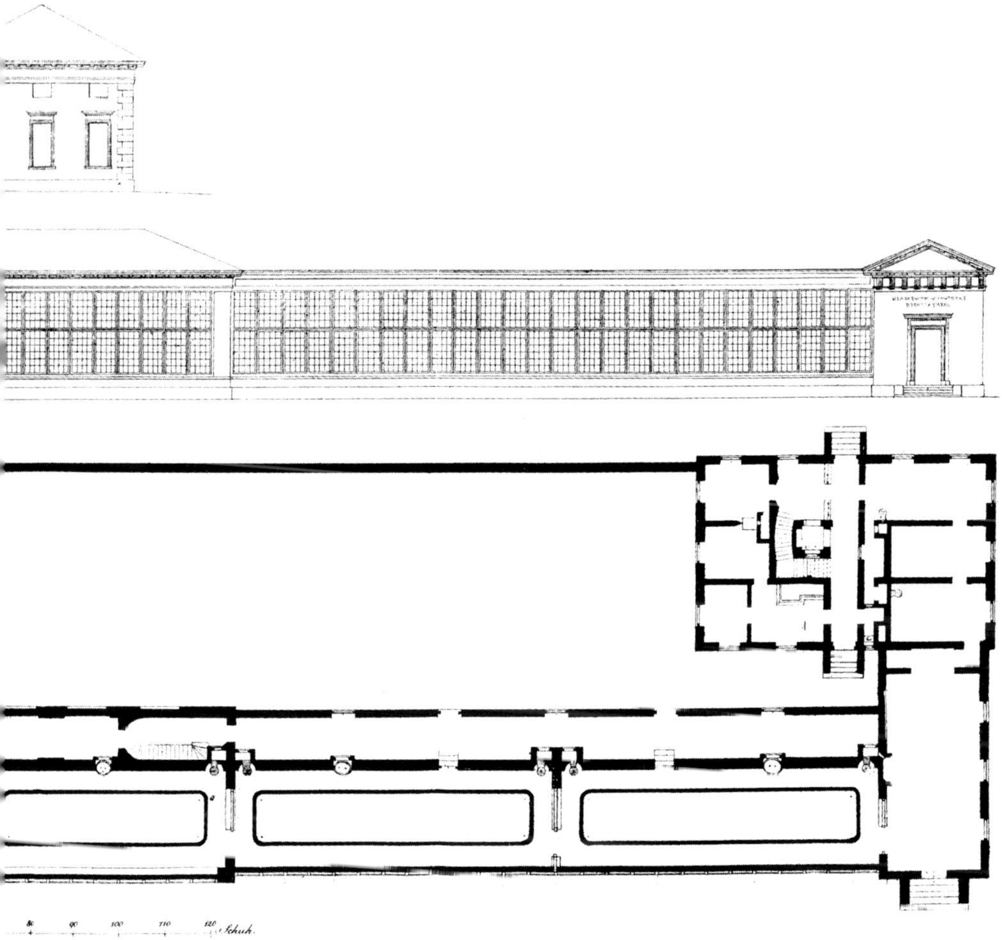

den gusseisernen Bauteilen vieler Glashäuser lassen sich Elemente der tradierten Ornamentik wiederfinden, wie zum Beispiel kannelierte Pfeiler, Kapitelle, Karyatiden oder Reliefs. Erst im Laufe des 19. Jahrhunderts verselbständigte sich die Eisenkonstruktion, und für die Bauaufgabe Pflanzenhaus wurde eine eigene Architekturform entwickelt.

Waren die Orangerien überwiegend dem Adel und einem wohlhabenden, gehobenen Bürgertum vorbehalten, so konnten die Glashäuser auch von einem breiten bürgerlichen Publikum genutzt werden. Die Öffnung der fürstlichen Gärten für das Publikum hatte Mitte des 18. Jahrhunderts begonnen, etwa zeitgleich mit der Begrünung der Wallanlagen in den

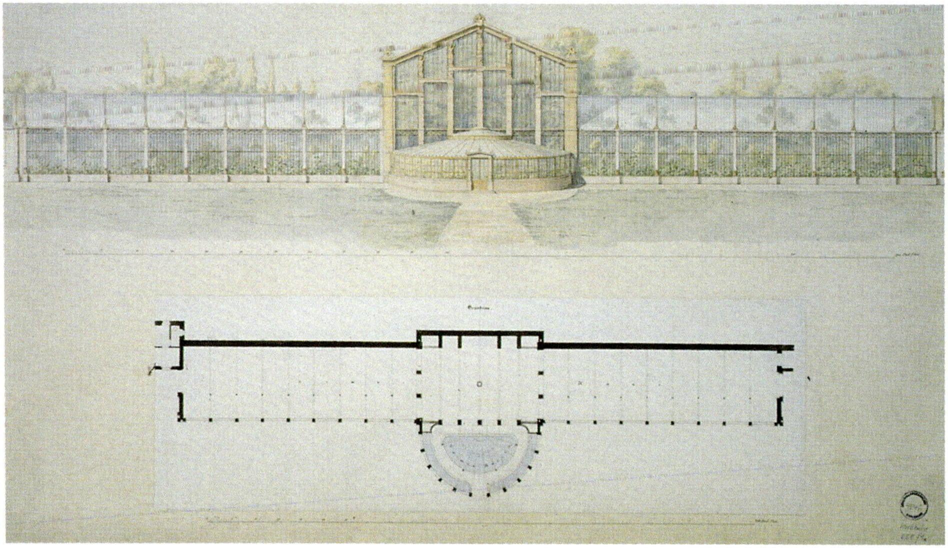

Heinrich Hübsch, „Ansicht des warmen Hauses mit dem Bassin", 1852 (Entwurf für das Palmenhaus mit dem halbrunden Victoria-Regia-Haus im Botanischen Garten in Karlsruhe), Vermögens- und Hochbauamt Karlsruhe.

Städten als öffentliche Promenaden. Ab Ende des 18., vor allem aber im 19. Jahrhundert entstanden schließlich große Volksparks, wie der Englische Garten in München ab 1789, der Volkspark Kloster Berge in Magdeburg (1825) oder der Bürgerpark in Bremen ab 1866. War die Öffnung der fürstlichen Anlagen noch bewusst eingesetztes Mittel zur kontrollierten Erziehung und Erholung der Städter, so entwickelten sich im Laufe der Zeit vielfältige Möglichkeiten und Bedürfnisse der Nutzung, der auch die Gestaltung unterworfen war. In diesem Zusammenhang ist auch die Öffnung der Glashäuser für das städtische Publikum zu sehen. Sie waren zwar Ort für die Präsentation umfangreicher Pflanzensammlungen und boten die Möglichkeit für botanische Forschungen, dienten aber ebenso dem Besucher als öffentliche Promenade in der Stadt, die unabhängig vom Wetter genutzt werden konnte und gleichzeitig naturkundlicher Lehrpfad war. Mitte des 19. Jahrhunderts entstanden die ersten großen öffentlichen Wintergärten, die aus Aktienkapital finanziert waren, wie die Glashäuser im Londoner Regent's Park von 1846 oder der Pariser Jardin d'Hiver auf den Champs-Élysées von 1847. Über die Pflanzenpräsentation hinaus führte die öffentliche Nutzung zur Einrichtung vielfältiger weiterer Attraktionen wie Cafés und Restaurants, Musikkapellen, Theateraufführungen oder künstliche Beleuchtung bei Nacht. In der 1846 in Köln errichteten Flora wurde erstmals eine räumliche Trennung der verschiedenen Nutzungen vollzogen, indem an das Pflanzenhaus ein steinernes Gesellschaftshaus angegliedert wurde. Der von Salomon de Caus zu Beginn des 17. Jahrhunderts geschätzte, exklusive Spaziergang durch den blühenden und duftenden Orangenhain im abschlagbaren Pomeranzenhaus des Heidelberger Hortus Palatinus wird damit zwei Jahrhunderte später vom Spaziergang durch das Pflanzenhaus abgelöst. Nun wird dem Besucher nicht mehr ein Hesperidenhain geboten, der neben der Pflanzenpräsentation ein Symbol für die Herrschertugenden darstellte, sondern die Nachbildung der Tropen und Subtropen als botanischer Mikrokosmos. Trotz des Erfolges der Glashäuser wurden im 19. Jahrhundert noch einige wenige Orangerien neu errichtet. Auch wenn die Pflanzenzusammensetzung größtenteils nicht mehr der des 18. Jahrhunderts entsprach, gab es in einigen Anlagen immer noch große Sammlungen von Kübelpflanzen, für deren Überwinterung Orangerien benötigt wurden. Der berühmteste Neubau des 19. Jahrhunderts dürfte die Neue Orangerie in Potsdam-Sanssouci sein, 1851-64 von Ludwig Persius und Friedrich August Stüler errichtet, die dem Typus des Orangerieschlosses entspricht und bis heute ununterbrochen betrieben wird.

Großes Palmenhaus im Schlosspark Schönbrunn, Wien, Foto C. Gröschel, 1999.

Ausgewählte Literatur

Hirschfeld, Christian Cay Lorenz, Theorie der Gartenkunst, 5 Bde., Leipzig 1779-1785, Reprint Hildesheim 1985.

Icomos [Hg.], Eisenarchitektur. Die Rolle des Eisens in der historischen Architektur der ersten Hälfte des 19. Jahrhunderts, Hameln 1979.

Kohlmaier, Georg, Sartory, Barna von, Das Glashaus, ein Bautypus des 19. Jahrhunderts, München 1981.

Koppelkamm, Stefan, Gewächshäuser und Wintergärten im 19. Jahrhundert, Stuttgart 1981.

Sckell, Friedrich Ludwig von, Beiträge zur bildenden Gartenkunst für angehende Gartenkünstler und Gartenliebhaber, München 1818, 2. Aufl. München 1825, Reprint Worms 1982.

Tschira, Arnold, Orangerien und Gewächshäuser, ihre geschichtliche Entwicklung in Deutschland, Berlin 1939.

Ullrich, Ruth-Maria, Glas-Eisen-Architektur, Pflanzenhäuser des 19. Jahrhunderts, Worms 1989.

Volkamer, Johann Christoph, Nürnbergische Hesperides, Nürnberg 1708, Reprint Leipzig 1987. – Continuation der Nürnbergischen Hesperidum, Nürnberg, Frankfurt, Leipzig 1714, Reprint Leipzig 1987.

Rosemarie Münzenmayer,
Alfons Elfgang

Die Wilhelma in Stuttgart

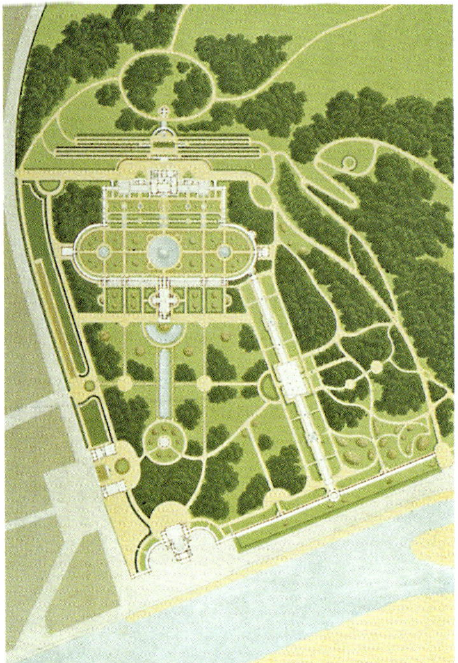

Grundriss der Wilhelma, Zeichnung von L.W. v. Zanth, aus: Zanth, 1855.

Bereits in den 30er-Jahren des 19. Jahrhunderts plante König Wilhelm I. von Württemberg (1816-1864) ein Badehaus als Retraite an der Hangkante des Rosensteinparks zum Neckar hin; jedoch erst ein Decenium später verwirklichte er sich seinen Traum. Der Mode der Zeit folgend, die Exotik mit den Vorstellungen eines Badehauses verband, verwendete er den maurischen Stil. So schuf er sich ein orientalisches Märchen und nannte letztlich die Anlage „Wilhelma". 1846 wurde sie eingeweiht. Ihr Zutritt war nur ausgewählten Besuchern und das auch nur mit ausdrücklicher Erlaubnis des Königs gestattet.

Die von Ludwig Wilhelm von Zanth geplante und 1846 eingeweihte Anlage umfasste einen kleinen Wohntrakt in zweifarbigem Sandstein, dem beidseitig unmittelbar Gewächshäuser in Glas-Eisen-Konstruktion angegliedert waren. Ein Säulengang umgab die anschließenden Terrassen des Blumengartens, die talseits von einem 1847-51 errichteten Festsaalgebäude begrenzt wurden. 1853 folgte noch eine Bildergalerie sowie ein Wintergarten mit fünf weiteren Gewächshäusern. Ergänzt wurde die Anlage nach Zanths Tod um ein Küchengebäude und die Damaszenerhalle (1863-65) nach Entwürfen von Wilhelm Bäumer.

Kennzeichnend für die Wilhelma ist die enge Verbindung von Wohn- und Repräsentationsräumen mit Gewächshäusern. Sandsteinfassaden in zweifarbiger Bänderung und moderne Konstruktion in Skelettbautechnik fügen sich im Wechsel aneinander und werden durch orientalische Schmuckfreude verbunden. Die Konstruktion aus Walzglas und industriellem Gusseisen mit reicher

Perspektive der Wilhelma, Zeichnung von L.W. v. Zanth, aus: Zanth, 1855.

Ornamentik ermöglichte eine ganz neue Ästhetik. Lichtdurchflutete Räume mit filigraner Außenhaut kontrastieren mit dominanten, bunten, stark ornamentierten Räumen in steinerner Hülle.
Die Gewächshäuser waren mit Pflanzen aus dem botanischen Garten bestückt, darunter Palmen, Azaleen, Camelien, Rhododendren und Orchideen. Ihre Auswahl erfolgte vorrangig nach ästhetischen Kriterien. 106 süße Orangen-Hochstämme in Kübeln zierten im Sommer den Blumengarten. Eine große Besonderheit stellte die Viktoria regia, die größte tropische Seerosenart dar, die damals in Deutschland noch weitgehend unbekannt war. Heute ist die Wilhema Kernstück eines international bekannten zoologisch-botanischen Gartens.

Blick in ein Gewächshaus, aus: F. v. Schmidt, König Wilhelm von Württemberg in seinen ländlichen Beschäftigungen, Stuttgart 1865.

Ausgewählte Literatur:

Elfgang, Alfons, Münzenmayer, Rosemarie, Die historische Entwicklung der Wilhelma, in: Wilhelma, ihre bauliche Entwicklung bis 1996, Stuttgart 1996.

Fecker, Herbert, Stuttgart. Die Schlösser und ihre Gärten, Stuttgart 1992.

Koppelkamm, Stefan, Die Faszination der Alhambra: „Wissenschaftlicher" Orientalismus in Exotischen Architekturen im 18. und 19. Jh., in: Exotische Architekturen im 18. und 19. Jh., Katalog, Stuttgart 1987.

Schulz, Elke von, Die Wilhelma in Stuttgart, ein Beispiel orientalisierender Architektur im 19. Jh.und ihr Architekt Karl Ludwig von Zanth, Diss.Tübingen 1976.

Zanth, Karl Ludwig von, Die Wilhelma, Maurische Villa seiner Majestät des Königs Wilhelm von Württemberg, Stuttgart 1855.

„Das Vornehmste albhier ist wohl die Menge der italienischen Gewächse und Bäumen.“

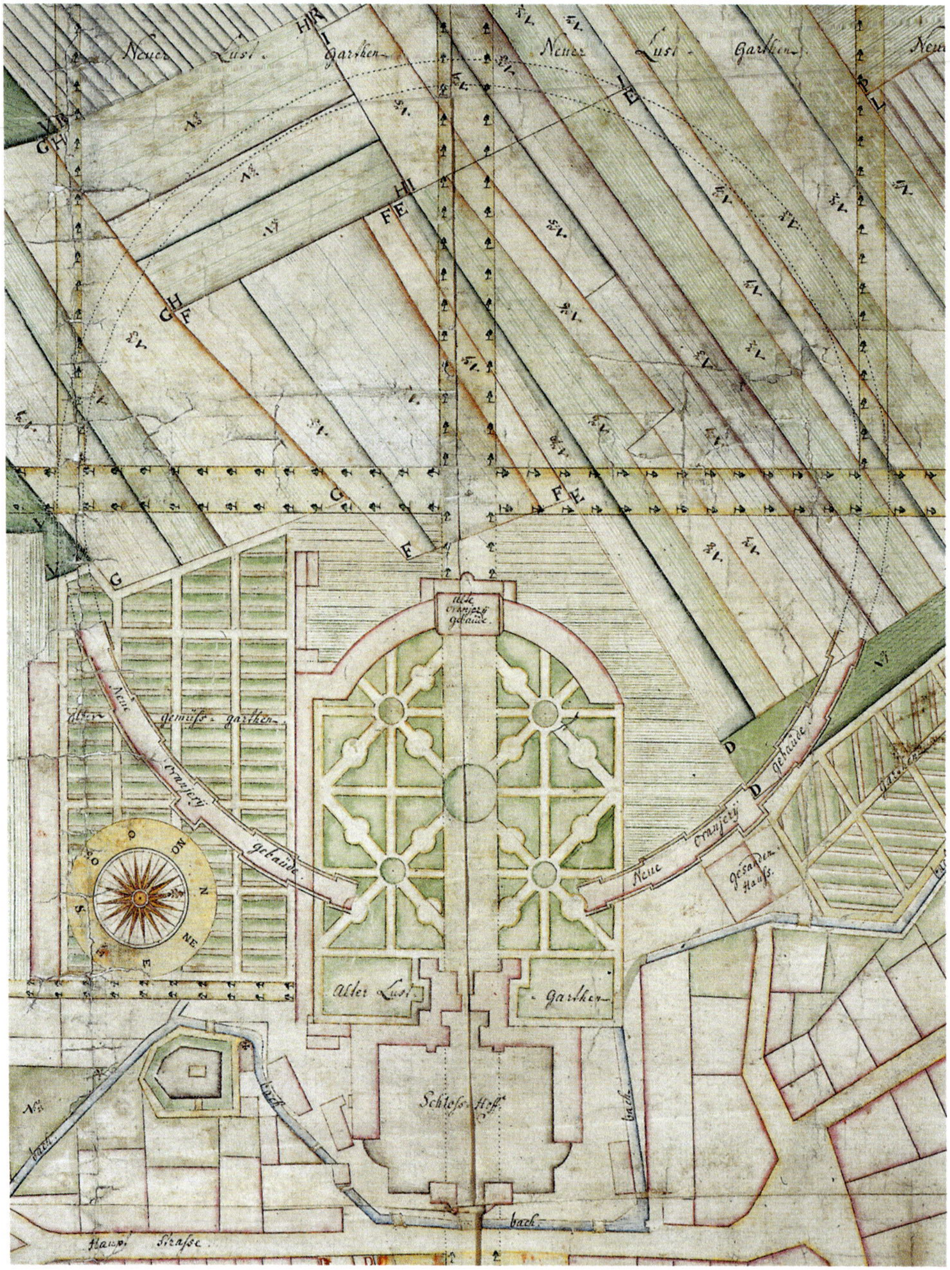

Plan zu Grundstücksenteignungen von 1748 bis 1760, Ausschnitt mit Schloss, Galerie, Orangerie und Zirkelhäusern, Feder, koloriert, o. J., Generallandesarchiv Karlsruhe.

Die Schwetzinger Orangerien

Hubert Wolfgang Wertz

Die alte Orangerie

Trotz des Wiederaufbaus des im Orleanschen Erbfolgekrieg 1689 zerstörten Schlosses und seiner Erweiterung um die Ehrenhofflügel und den gartenseitigen Anbau zu Beginn des 18. Jahrhunderts konnte der Bedarf an Räumlichkeiten für höfische Festivitäten nicht annähernd gedeckt werden.
Eine Orangerie mit großem Festsaal sollte hier Abhilfe schaffen. So jedenfalls hat es Kurfürst Carl Philipp entschieden, der 1716 die Nachfolge des überwiegend in Düsseldorf residierenden Kurfürsten Johann Wilhelm angetreten hatte. Er holte den Hof nach Heidelberg zurück und war auf Schwetzingen als Ausweichquartier angewiesen, bis die ab 1720 in Bau befindliche neue Residenz in Mannheim bezugsfertig war.

Als das Orangeriegebäude 1718 begonnen wurde, war seine gut 10 Jahre dauernde Bauzeit nicht vorhersehbar. Fehlende Mittel verzögerten den Baufortschritt. Erst im Jahre 1722 war das Gebäude als korrespondierende Architektur zur neuen Gartenfront des Schlosses im Rohbau fertig gestellt, der Zwischenraum als geplanter Orangeriegarten nahm Gestalt an. Ein ausführliches Aufmaß mit detaillierter Beschreibung der Maurerarbeiten vermittelt das ungefähre Aussehen des Orangeriehauses mit seinen Seitenflügeln und des Gartens mit seinen Wasserspielen. Danach hat der große Saal des Mitteltraktes die ganze Tiefe des Gebäudes eingenommen. Die Kreissegmente der beiden Flügel und deren Eckpavillons schlossen die Anlage zum Garten hin ab. Nach Westen begrenzten zwei kleine Vorbauten den Mittelsaal. Dazwischen lag eine Terrasse, von der man über wenige Stufen in den tiefer liegenden Außenbereich gelangen konnte. Ein Altan, der zum Garten hin vorsprang, lag über dem Hauptsaal. Die Außenhaut des Gebäudes war den Aufzeichnungen nach mit Hausteinlisenen gegliedert, ansonsten aber verputzt. Ausdrücklich wird erwähnt, dass die Räume mit Stuckdecken ausgestattet waren und holländische Fliesen die Wände des Saales zierten. Alle Räume konnten beheizt werden. Als Architekt wird der seit 1719 am kurpfälzischen Hof als „primus architectus" angestellte Alessandro Galli da Bibiena genannt.

Als 1724 die Pflanzenbestände der berühmten Düsseldorfer Orangerie nach Schwetzingen gebracht wurden, hofften die Gärtner vergeblich auf eine Beschleunigung der Baumaßnahme. Behelfsmäßig mussten die Kübelpflanzen

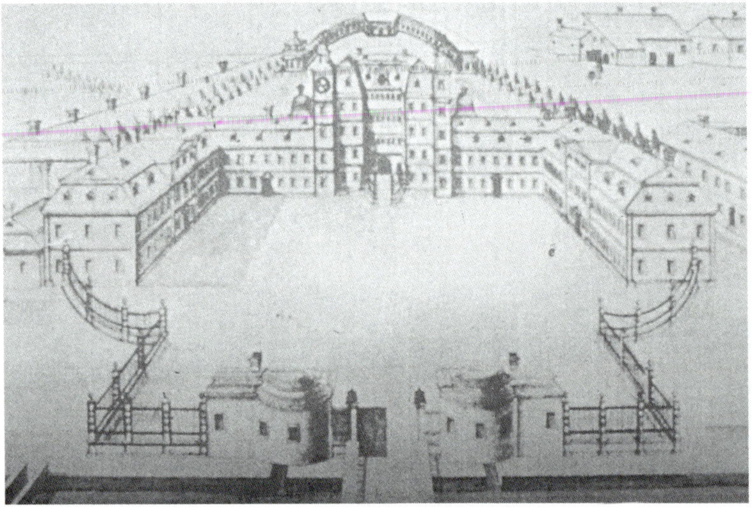

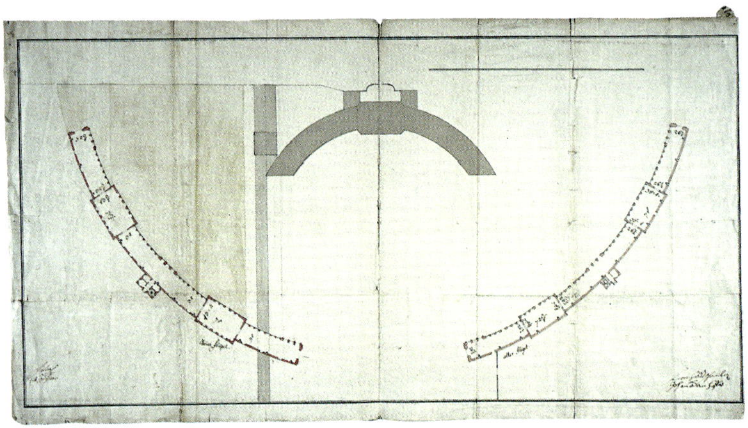

Schloss, Galerie und alte Orangerie, Ansicht von Osten, o. J., Oberfinanzdirektion Karlsruhe (oben).

Grundriss der alten Orangerie mit den Zirkelhäusern von Leonhard Schreiber und Johann Adam Hoffer, Feder, laviert, 1753, Generallandesarchiv Karlsruhe (unten).

im halb fertigen Orangeriehaus überwintert werden. Selbst der Bau eines Glashauses zur Anzucht und besonderen Kultur von Zitruspflanzen verzögerte sich. Auch der 1725 fertig gestellte Verbindungsgang zwischen Schloss und Orangerie entlang der Südseite des Areals konnte den Raumbedarf nicht zufrieden stellend decken. So scheinen die Forderungen von Hotgärtner Johann Betting nach einem zweiten Verbindungsgang entlang der Nordseite durchaus berechtigt gewesen zu sein. Schließlich war Betting 1722 von Düsseldorf nach Schwetzingen versetzt worden, um hier für einen ansehnlichen Zitrusbestand zu sorgen. Vergeblich wies er auf die missliche Raumsituation hin und die Gefahr, dass sich die Zitrusbäume in ihrem beengten Unterstand „gegenseitig ersticken" könnten. Doch zum Bau der nördlichen Galerie ist es nie gekommen. Lediglich am Orangeriehaus wurde weitergebaut. Seine Fertigstellung ist für das Jahr 1728 belegt. Schäden, die schon während der Bauzeit aufgetreten waren, sind nur provisorisch beseitigt worden, so dass der Verfall des Gebäudes vorprogrammiert schien. Als sich weitere Baumängel zeigten und Deckenteile einstürzten, stellte man im Jahre 1741 fest, dass „mit dem Schwetzinger Gartenbau gäntzlich an sich gehalten werden solle".

Kurfürst Carl Theodor, der 1742 die Nachfolge Carl Philipps angetreten hatte, gestattete schließlich einen teilweisen Abbruch der alten Orangerie, um die neuen Gartenpläne realisieren zu können, die mit dem Bau des nördlichen Zirkelhauses als Orangerie im Jahre 1748 vorgegeben waren. Die Porzellanplatten aus der alten Orangerie „alwohe die Comedie

Wandverkleidung im Porzellanhäuschen mit „delfter porcellaine platten" aus der alten Orangerie, Foto Atelier Deckers-Matzko, 1999.

vorhin gehalten worden", waren für eine andere Verwendung aufzubewahren. Schließlich fanden diese „delfter porcellaine platten" im Porzellanhäuschen beim Badhaus als Wandverkleidung einen geeigneten Platz. Nach der Fertigstellung des südlichen Zirkelhauses im Jahre 1755 wurde die Anlage der alten Orangerie dann endgültig beseitigt.

Was den Bestand an Zitrusgewächsen angeht, muss es schon vor den Zerstörungen der Schlossanlage im Jahre 1689 eine umfangreiche Sammlung gegeben haben, wurde doch 1681 die Hälfte der Zitronen- und Orangenbäume, die im Garten der Friedrichsburg in Mannheim standen, nach Schwetzingen überstellt. Detaillierte Aufzeichnungen gibt es aus dem Jahre 1724 zur Umsetzung der Düsseldorfer Orangerie nach Schwetzingen. So werden 447 Orangenbäume und 313 andere Kübelpflanzen per Schiff auf dem Rhein bis Ketsch transportiert, was Kosten von 750 Gulden verursachte. Folgende Pflanzen werden aufgeführt:

160	grosse orange Kasten,
27	mittelmässige Kasten
50	kleine orangerie Kasten,
100	orange nain in Pött,
48	andere orange in Pött,
3	cipressus in Pött,
40	granaden in Kasten,
3	oliander in Kasten,
6	gelbe Jasmin in Pött,
6	Mirtus Bäume in Kasten,
100	Jasmins d'Espagne in Pött,
3	bunte englisch Boltz in Pött,
24	amomum pleine in Kasten,
4	Lorbirren Bäum in grossen Kasten,
100	Indianisch, africanisch undt Amerikanische gewäcks.

Skulptierter Sockel von der alten Orangerie, Sandstein, Foto Atelier Deckers-Matzko, 1999.

Für Umpflanzarbeiten werden 1726 „100 Stück Neue orangerie Cästen" benötigt. Am 4. März 1728 wird ein Bedarf an 100 Stück „orange-Kästen, jedoch nur von der kleinen gattung" gemeldet.

Vorstellungen über den Orangeriegarten vermittelt uns Johann Friedrich von Uffenbach, der anlässlich einer Spazierfahrt durch die Pfalz am 9. September 1731 den Schwetzinger Garten besuchte. Er beschreibt den „Garten artig und nach der neuesten Art sehr angenehm angelegt, obwohlen nicht gar groß. Das Vornehmste alhier ist wohl die Menge der italienischen Gewächse und Bäumen, womit der Garten schier wie ein kleiner Wald bestellet ist. Viele Stücke darunter sind wegen ihrer ansehnlichen Größe in ihren besondern Kasten sehenswürdig, wozwischen die überlebensgroße schön gemachte und ganz verguldete Statuen ein prächtiges Ansehen haben. In der Mitten des Gartens ist ein großer Waßerbehälter, aus deßen Mitte zwischen unordentlich zusammengehäufften Steinen ein Strahl sich erhebet, der bey 40 Schu hoch springet, welches Wasserwerk durch eine besondere Mühle und Pumpenwerk getrieben wird."

Noch im Jahre 1733 wurden von Guiseppe Marsano 12 Orangenbäume zu je 50 Gulden geliefert, obwohl sich der Zustand der Kübelpflanzen zunehmend verschlechterte. Dies war zwar auf fehlendes Material, das „zur Conservirung der orangerie" erforderlich war, zurückzuführen, doch lastete man auch dem Oberhofgärtner Betting Versäumnis an. So bietet 1742 Jean Baptiste Mourian „seine Dienste und Wissenschaft unterthänigst" an, da „Er eine gantz besondere Kunst besitze nicht nur die abgestandene oranges Vollkommen herzustellen, sondern auch das gantze jahr hindurch sogar in dem Winter allerhand blumen und gewächse mit ihrem natürlichen geschmack und geruch hervorzubringen, worab er zu München und Carlsruhe Vielfältige Proben gethan."

Mourian wurde zunächst Hofgärtner in Mannheim und erhielt nach dem Tode von Oberhofgärtner Johann Betting 1747 die Schwetzinger Stelle. Am 20. Juni 1747 listet Mourian die Schwetzinger Bestände auf:

Oranien Bäum	866
Spalier Oranien	65
granaden	226
Mirtgen	15
Laurus Serassus	33
Cypressen	8
Oleander	24
Lorber	125
Nux Indica	24
aloe arborescens	23
Laurus Thimus	1
Scabina	1
oliven	4
Lentiscus vulgaris oder Mastii	1
Jucka	12
Palma datilifera	1
Corallen	64
Jasmin	188
Flos Passionis	42
Flos Lenoris	4

Serio Serpens	9
Grosse Series	22
Series triangularis	10
ficus spinosa	13
Portulac Bäum	12
Aloe reacensis	8
Aloe crucis	2
Aloe Saivoca	26
Kleine Aloe	82
Lauris Indica	1
Spina Christi	4
Honigbaum oder Indianischer Bibernell	9
Caffée Bohnen	71
Ehrenpreis Baum	1
Iris	19
Sedum	2
Collocasia	7
Egenum	5
Jacobia	2

Mitteilungen über den Zustand der Schwetzinger Orangerie vor 1747 erhalten wir von Nikolaus Botting, dem Sohn von Oberhofgärtner Johann Betting. Danach wird das von fremden Herrschaften und Gartenverständigen gepriesene und bewunderte Schlossgärtel als „orange-Platz" geschildert. Er schreibt von einem „regulmässigen Pommerantzen und Citronen-Wald so wol an Bäumen als Hecken, ... desgleichen auch in Italien in dem fürstlichen Garten von Colorno und all Imperiale kaum angetroffen wird." Besonders die süßen Früchte der „Pommes de Sina" und die sauren von „Citronen und Limonien" stellt er heraus und bemerkt, dass diese Früchte bei der Zuckerbäckerei Verwendung fanden.

„Das Churfürstl. gewächs-Hauss war mit Vielen Levantischen Caffe-Bäumen Versehen, die so reichlich caffé-Bohnen getragen, als zur Consumptio für die höchsten Personen der gnädigsten Herrschaften erforderlich ware."

...die süßen Früchte der „Pommes de Sina" und die sauren von „Citronen und Limonien" fanden bei der Zuckerbäckerei Verwendung.

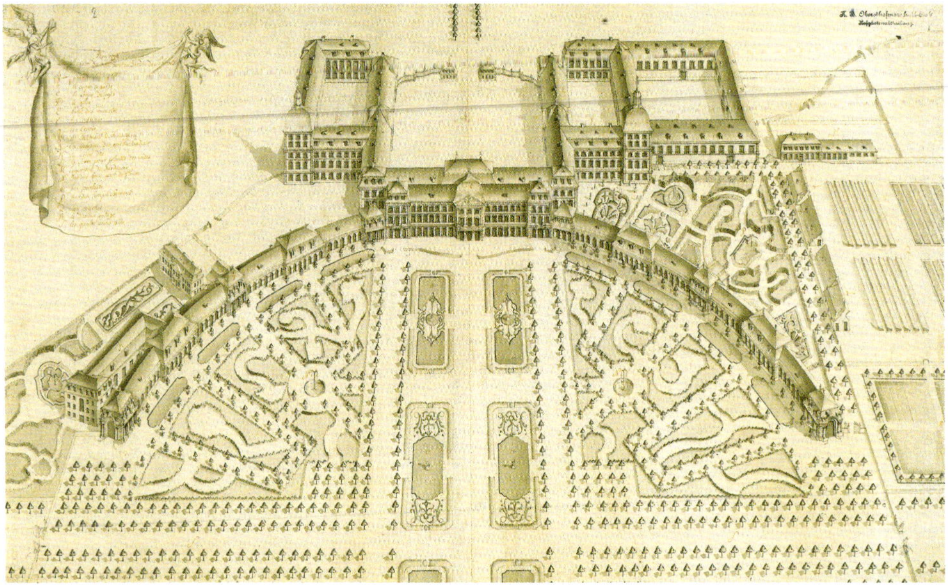

Vogelperspektive des von Franz Wilhelm Rabaliatti (?) geplanten Schlosses mit den Zirkelhäusern von Jos. Kieser, Feder, aquarelliert, 1753, Bayerische Verwaltung der staatlichen Schlösser, Gärten und Seen, Gärtenabteilung .

Vor den Zirkelhäusern liegen überschaubare Orangerieparterres, die eine Vielzahl von Orangeriepflanzen in Kästen aufnehmen.

> ***„Im Winter werden darin die Orangerie-Bäume aufbewahrt, und im Sommer findet man hier Schutz gegen die Strahlen der Sonne, und einen angenehmen Spatziergang."***
>
> *J. M. Zeyher, 1809.*

Die Zirkelhäuser

Mit dem Bau des nördlichen Zirkelhauses nach Plänen von Oberbaudirektor Alessandro Galli da Bibiena wurde im Jahre 1748 begonnen. In Materialanforderungen ist vom „dahiessiege Churfürstl. Schwetzinger neu-aufzuführen, angefangene Orangerie Bauwesen" die Rede.

Guillaume d'Hauberat, im selben Jahr Nachfolger Bibienas, führte die Arbeiten mit seinem Baumeister Franz Wilhelm Rabaliatti zügig weiter, so dass der Bau im Frühjahr 1750 bereits vollendet war. Wichtig für den Betrieb als Orangerie waren die Heizung und Schattiermöglichkeiten. So wurden „15 stück eisserne rondte öffen" besorgt. Die Bestellung geölter Papierfenster als Sonnenschutz ist für das Jahr 1751 belegt.

Während die Lage des ersten Orangerieflügels eine künftige Ausdehnung des neuen Schwetzinger Lustgartens sowohl nach Westen als auch nach Süden ermöglichte, war die Platzierung des zweiten Orangerieflügels von der Lage und Ausdehnung eines projektierten Schlossneubaus abhängig. Als dieses Vorhaben aufgegeben wurde, kamen der seit 1752 in Schwetzingen tätige Hofgärtner Johann Ludwig Petri und Rabaliatti überein, den zweiten Orangeriebau südlich des Schlosses symmetrisch zum ersten anzuordnen. Da die Fensterfront der Hauptfassade nach Nord-

westen ausgerichtet werden musste, versah man zur besseren Raumbelichtung die Rückwand mit einigen Fenstern.
Im Gegensatz zum nördlichen Zirkelbau, wo die Räumlichkeiten überwiegend der Überwinterung der Kübelpflanzen dienten und somit einfach ausgestattet waren, wurden im südlichen Zirkelbau bis 1755 zwei reich ausgeschmückte Festsäle, der Speise- und der Spielsaal, eingerichtet. Zur Anbindung dieser Räume an das Schloss diente die Galerie zur alten Orangerie.
Von nachträglichen Bauarbeiten ist 1760 die Rede und von der „wölbung undt unterminierung deren Churfürstl. Speiss- und Spiel Säalen". Deren Nutzung erklärt Johann Michael Zeyher, seit 1804 Hofgärtner und später Gartendirektor, mit dem Hinweis: „[...] und unter dem Spielsaale ist ein geräumiger Koller zur Aufbewahrung von Pflanzen". Zur Ausstattung der beiden Festsäle gibt es ein detailliertes Inventarverzeichnis von 1759.

Über den Pflanzenbestand wird am 27. November 1756 vermerkt, dass die Orangerie vermindert werden musste, da „grosser Überfluss" an Bäumen bestand. So wurden auf Vorschlag des zwischenzeitlich in Schwetzingen tätigen Hofgärtners Köllner von 214 vorhandenen Granatbäumen nur 24 behalten, die Anzahl von 44 „Laurus cerasus" wurde auf 6 reduziert, von 32 „Indianische Bäum"

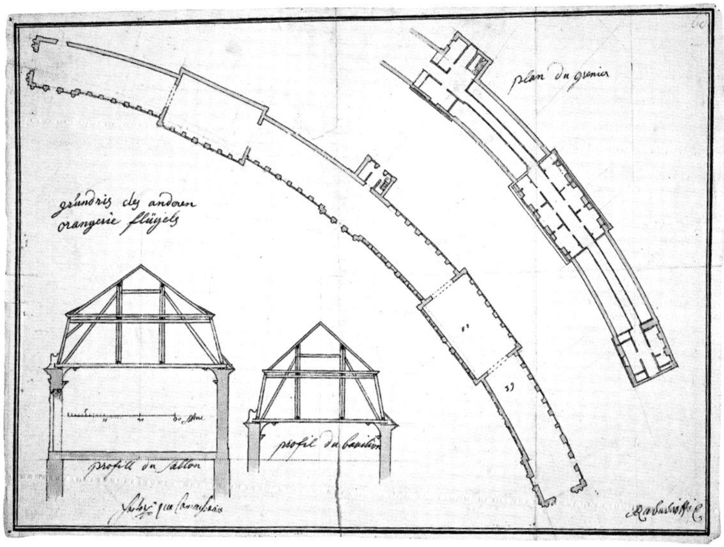

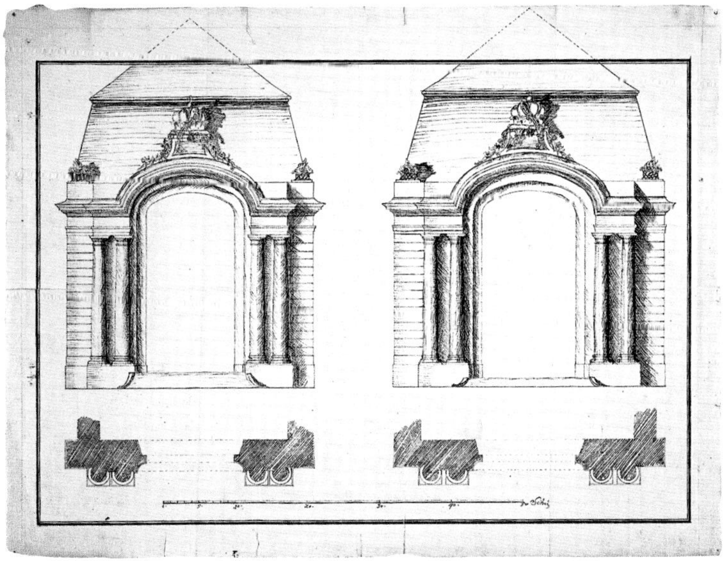

Ausführungsplan für das südliche Zirkelhaus, Grundrisse und Schnitte von Franz Wilhelm Rabaliatti, Feder, o. J., Generallandesarchiv Karlsruhe (oben).

Skizzenblatt mit Grundrissen und Ansichten für Portale zum südlichen Zirkelhaus von Franz Wilhelm Rabaliatti, Feder, o. J., Generallandesarchiv Karlsruhe (unten).

blieben 4 übrig, von 55 „Jucca gloriosa" blieben 12, von 105 „Oliander Bäum" 60, von 10 „Pimpinella arborescens" 2. Außerdem wurden 140 Stück von den „Indianischen Gewächsen" in Scherben abgeschafft. Eine Bestandsliste vom 26. September 1757 verzeichnet folgende Pflanzen:

Oranien Bäum	894
Spalier Oranien	58
granaden	46
Mirtgen	11
Laurus Serassus	28
Cypressen	39
Oleander	51
Lorber..	55
Nux Indica	9
aloe arborescens	12
Laurus Thimus	10
oliven	7
Lentiscus vulgaris oder Mastii	1
Jucka	14
Jasmin	7
Flos Lenoris	4
Spina Christi	4
Honigbaum oder Indianischer Bibernell	6
Accetosa	10
Kleebaum	4
Johannisbrodt	1
Meer Grass	2

Alle diese Pflanzen wurden im Kreisparterre des Schlossgartens aufgestellt.

Waren die Zirkelhäuser zunächst der Orangerie, dem Theatermagazin und der Hofgesellschaft für Festivitäten vorbehalten, änderte sich die Nutzung schon zu Beginn der großherzoglich badischen Zeit. So wird 1816 das nördliche Zirkelhaus von den Schwetzinger Dragonern als Reitschule genutzt. Während des Krieges 1870/71 dienten beide Zirkelhäuser als Reservelazarett für deutsche und französische Kriegsverwundete. Zu diesem Zweck wurde das untere Drittel der Fenster vermauert. Später richtete die jüdische Gemeinde im nördlichen Zirkelhaus eine Synagoge ein. Als im Jahre 1937 die Renovierung des Rokokotheaters abgeschlossen war, konnten gleichzeitig ein Schloss-Café und das Theater-Foyer der Öffentlichkeit übergeben werden. Nach dem 2. Weltkrieg wurden zunächst Werkstätten für die Regiehandwerker in verschiedenen Bereichen der Zirkelhäuser provisorisch eingerichtet, ehe dort im Zuge von Sanierungsmaßnahmen Veranstaltungsräume unterschiedlicher Größe und Qualität entstanden.

Die neue Orangerie

Zusätzlicher Bedarf an Überwinterungsräumen für die Kübelpflanzen und an Stellflächen zu deren Präsentation in den Sommermonaten haben Kurfürst Carl Theodor im Jahre 1761 dazu bewogen, seinen Oberbaudirektor Nicolas de Pigage mit der Planung und dem Bau einer weiteren Orangerie zu beauftragen. Zwei „glaas Häuser" sollten mit diesem Gebäude kombiniert werden, um dem zunehmenden Wunsch nach mehr Treibereien gerecht werden zu können. Dieses Bauvorhaben sollte unterhalb der nördlichen Boskettzone realisiert werden. Die Bautätigkeit wurde schnell vorangetrieben, so dass die Orangerie bereits im Winter 1762/63 in Betrieb genommen werden konnte.

Entwurf zum Schlossgarten mit Jagdpark von Nicolas de Pigage, Feder, aquarelliert, 1762 (Ausschnitt), Bayerische Verwaltung der staatlichen Schlösser, Gärten und Seen, Gärtenabteilung.

Nach Norden wird der Garten um die Orangerie und das Naturtheater erweitert.

Schon im Sommer 1762 hatte man die Orangeriebäume aus dem Kreisparterre fortgeräumt und in den neuen Orangeriegarten gebracht, wo der im Frühjahr desselben Jahres fertig gestellte Kanal zur Bevorratung von Gießwasser für eine enorme pflegetechnische Verbesserung sorgte. Im Sommer 1764 haben „die Gärtnergesellen, Gartenknecht, Handlanger und Fuhren [...] auf dem Orangerieplatz die Weg gewölbet mit Wiesenletten und Kies überfahren" und im August 1764 „auf dem Orangerieplatz Waßen gelegt". Der Bau von zwei Holzbrücken an den Schmalseiten des Kanals verzögerte sich bis in das Jahr 1776.

Ein Jahr später erfolgte die Ausschmückung der Orangerieinsel mit Steinvasen von Johann Matthäus van den Branden. Die Fertigstellung des östlichen Glashauses lässt sich auf das Jahr 1770 datieren. Dass es an der Westseite der Orangerie ein Gegenstück erhalten sollte, wird des Öfteren erwähnt. So waren im Jahre 1794 bereits umfangreiche Materialien zur Ausführung dieses Baues vorhanden, doch der Baubeginn wurde mit dem

Porträt des Nicolas de Pigage von Anna Dorothea Therbusch-Lisiewska, Öl auf Leinwand, 1763, Stadtmuseum Düsseldorf.

Hinweis verschoben, dass „bei eintretenden beßeren Zeiten und Umständen auf die Volendung dieses baues der bedacht genommen werden möge".
Außer einer Entwurfsskizze aus Pigages Baubüro, die den Westflügel und Mittelbau des Orangeriehauses zeigt, haben sich keine Pläne erhalten. So ist der Grundriss der Orangerie und ihres Gartens in seiner Gesamtheit erstmals Pigages Gartenplan von 1762 zu entnehmen.

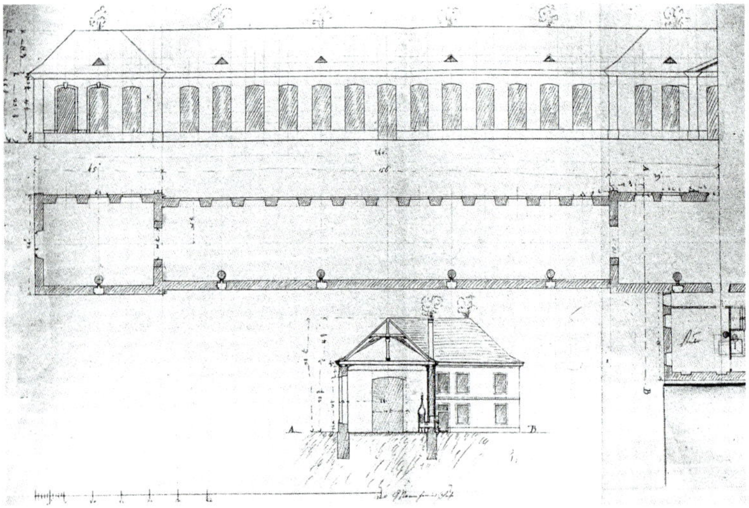

Skizze zum Westflügel der neuen Orangerie, Südansicht, Grundriss und Schnitt, Baubüro Pigage, Feder, o. J., Foto Wiltrud Heber.

Als reiner Zweckbau konzipiert ist das Gebäude mit seiner fast raumhohen Fensterfront nach Süden ausgerichtet, was die Belichtung der Räume und die Aufnahme der Sonnenwärme optimal begünstigt. Holzklappläden dienten als Schutz gegen Kälte aber auch zur Schattierung bei übermäßiger Sonneneinstrahlung. An der Nordwand sollten die zur Beheizung der Räume erforderlichen Eisenöfen aufgestellt werden. Ihre Beschickung mit Heizmaterial war über Öffnungen in der Gebäuderückwand vorgesehen. Die wenigen Fenster an dieser Wand ermöglichten die für eine Überwinterung von Zitrusgewächsen so wichtige Querlüftung. Beide Gebäudeflügel sollten den großen in Holzkästen stehenden Gewächsen als Winterquartier dienen. Dementsprechend wurden raumhohe Toröffnungen an den Stirnseiten des Gebäudes für ein reibungsloses Ein- und Ausräumen der Pflanzen eingeplant. Der Mittelbau war der Anzucht und Kultur von Zitrus-Jungpflanzen vorbehalten. Wachstumsfördernde Lohbeete gehörten daher zu seiner Ausstattung. Das an den Ostflügel angebaute Glashaus war mit seinen großen schräg gestellten Fensterflächen bestens für die Pflanzentreiberei geeignet. An der Rückseite des Glashauses war ein Lager- und Arbeitsraum mit Vorrichtungen zur Umkübelung von Zitrusbäumen angefügt. Ihrem Verwendungszweck entsprechend musste in sämtlichen Räumen für ein pflanzenverträgliches Raumklima gesorgt werden, was durch den Einbau eines Lehmstampfbodens vorzüglich gelöst werden konnte. An der Rückfront des Gebäudes und damit in unmittelbarer Nähe zum Arbeitsplatz waren Gärtnerwohnungen konzipiert. Dort sollten auch zwei

Schuppen für die Lagerung von Brennholz errichtet werden.
Die Inbetriebnahme der neuen Orangerie hatte auch eine Neuordnung sämtlicher kurfürstlichen Orangerien zur Folge. So wurden 1762 die besten Bestände der Mannheimer Orangerie nach Benrath gebracht, die schlechteren nach Schwetzingen, um sie von hier aus zu veräußern. Schließlich wurden im Jahre 1774 sämtliche Orangeriekübel von Düsseldorf per Schiff nach Ketsch und von dort nach Schwetzingen transportiert.

Mit seiner Ernennung zum Hofgärtner 1792 übernimmt Friedrich Ludwig von Sckell auch die Betreuung der Schwetzinger Orangerie. Einer Auflistung zufolge scheidet er 86 Stück „von Alterswegen mangelhafte und abgängige Pomeranzenbäume und andere Gewächse" aus. Weitere 134 Bäume werden im Jahre 1795 aufgegeben, so dass sich die Gesamtzahl der Kübelpflanzen auf 1050 Stück reduzierte. Im selben Jahr finden sich im „Protocollum Commissionale" Hinweise zur Pflege und Unterhaltung der Orangerie. So empfiehlt Sckell der unter Pigages Leitung tätigen Gartenkommission, den Orangerieplatz von Unkraut rein zu halten, so lange die Pomeranzenbäume noch da stehen. Oder „man müste die vier Viertel zu Raßen anlegen, die Kießwege sollten in dieser parthie vom Unkraut rein und der Raßen kurz gehalten werden". Allerdings rät Sckell davon ab, die Orangeriekästen auf Rasen zu stellen, da er ein rasches Verfaulen der Holzstollen befürchtet. Diese Hinweise machen deutlich, dass die Stellflächen für die Orangeriekübel, wie in Sckells Plan von 1783 ausgewiesen, lediglich bekiest waren.
Wichtig erschien Sckell auch die detaillierte Beschreibung des personalintensiven Orange-

Grundriss der Gartenanlage, Friedrich Ludwig von Sckell zugeschrieben, Feder, aquarelliert, 1783 (Ausschnitt), Bayerische Verwaltung der staatlichen Schlösser, Gärten und Seen, Gärtenabteilung .

Der Orangerieplatz ist als Stellfläche für Kübelpflanzen freigehalten. Die Rabatten entlang der Wege waren mit Zitrus-Jungpflanzen in Scherben (Tontöpfen) bestellt.

„Plan von dem Grosherzoglich Badischen Schlossgarten zu Schwetzingen“ von Johann Michael Zeyher (gestochen von F. Wolff), kolorierter Stich, 1809 (Ausschnitt), Bayerische Verwaltung der staatlichen Schlösser, Gärten und Seen, Gärtenabteilung.

Der Orangerieplatz ist als Stellfläche für Kübelpflanzen (e) und Anzuchtfläche für Stauden und Einjahrsblumen (f) ausgewiesen.

riebetriebs: Danach benötigte man für das Verpflanzen von jährlich 140 bis 150 Bäumen 8 Mann über 4 bis 6 Wochen. Um die Pflanzen an einem Tag zu begießen, waren 24 Mann erforderlich. Zwei Gärtner waren ständig mit dem Beschneiden und Säubern der Pflanzen beschäftigt. Das Aus- und Einräumen der Kübelpflanzen dauerte jeweils 5 Tage, wobei 36 Mann und 12 Pferde im Einsatz waren. Das Anordnen, Anbinden und Ausrichten der Kübelpflanzen bedeutete für „6 Mann 10 täge Arbeit" Aus den Waldungen musste Lauberde beigefahren werden, die drei Jahre „besonders bearbeitet" wurde. Sckell führt weiter aus: „Wenn die Orangerie in den häußern stünde, müste das tägl. auff und zu decken der stroh decken und papiernen Läden, das Holz machen, Holz führen, und ein heizen, dann die gewöhnliche Cultur gepflogen werden. 86 Stück pflanzen sind abgängig. Weitere bäume von minderer Qualität sollen entfernt werden".

Die Kürzung des Gartenetats im Jahre 1800 hatte auch Einsparungen beim Orangeriebetrieb zur Folge. So wurde der Bestand an Kübelpflanzen auf 600 Bäume reduziert. Kurze Zeit später beschränkte sich die Orangerie auf die schönsten und besten Bäume, die in dem neuen Orangeriegebäude untergebracht werden konnten. Schließlich ging es nur noch darum, den Orangerieplatz „gefällig zu besetzen".

Um 1820 berichtet Johann Michael Zeyher in seiner „Beschreibung der Gartenanlagen zu Schwetzingen": „Rechts breitet sich dann vor dem Blicke der schöne Orangerie-Platz aus; hier stehen während des Sommers sechs hundert und dreißig Orangen, Lorber, Granaten, Myrthen und andere Bäume. Die mit (f) bezeichneten Vierecke enthalten die im freien Lande ausdauernden Staudengewächse und

Orangenbäume in Holzkästen im Mittelparterre, um 1890, Postkarte Verlag Otto Schwarz, großherzoglicher Hoflieferant.

einjährige Pflanzen, welche in dem früher bemerkten Verzeichnisse enthalten sind. Dieser ganze Platz ist mit einem ziemlich breiten Kanale eingefaßt, der sowohl in Hinsicht des Begießens der Bäume die Arbeit erleichtert, als auch jede Bequemlichkeit zum Anpflanzen der Wasserpflanzen darbietet, und Sicherheit gegen Raub gewährt". Zeyher erwähnt auch, dass der Orangerieplatz im Jahre 1762 als Standort für eine kleine Sternwarte aus Holz diente, von der aus der Hofastronom Christian Mayer die Querung des Planeten Merkur durch die Sonne beobachtete.

Weiter schreibt Zeyher: „Die regelmäßigen Reihen der Orangen-, Citronen-, Lorbeer- und Granatbäume sind zwar nicht ästhetisch schön, und ermüden das Auge; allein dafür wird man durch die lieblichsten Gerüche entschädigt, welche die Luft umher erfüllen; und selbst das Auge findet Schönheiten; lieblich blüht die Citrone, unter dunkelm Grün glüht die Goldorange, und die brennende Granate stralt tausendfach auf den Zweigen".

Ein „Alphabetisches Saamen Lager", 1828 von Zeyher im Glashaus der Orangerie eingerichtet, deutet eine Umnutzung des Gebäudes und damit den Rückgang der Treibereien an. Auch die Orangeriebestände wurden weiter reduziert, ohne sie völlig aufzugeben.

In einer Gartenbeschreibung von 1898 ist nur noch von dem Orangeriegebäude „mit vorliegendem, von einem Kanal umschlossenem, viereckigem Platze" die Rede, wo während der Sommermonate Orangenbäume und andere Kübelpflanzen aufgestellt waren.

Ansichtskarten aus den 1890er-Jahren und zu Beginn des 20. Jahrhunderts zeigen wieder im Kreisparterre und im Moscheehof aufgestellte Kübelpflanzen.

Nur wenige alte Granatapfelbäume, Lorbeer-

„... lieblich blüht die Citrone, unter dunkelm Grün glüht die Goldorange, und die brennende Granate stralt tausendfach auf den Zweigen".

Gemüsegarten der Gartenbau- und Kochschule auf dem Orangerieplatz, um 1910, Oberfinanzdirektion Karlsruhe.

bäume und Palmen überlebten weitgehend schutzlos die Frostnächte im Februar 1945, nachdem infolge Kriegseinwirkung Teile des Daches und die Fenster des östlichen Orangerieflügels zerstört worden waren. Schon um 1900 sind Umnutzungen und damit verbundene räumliche Veränderungen des Orangeriegebäudes, aber auch seines Umfeldes zu beobachten. So wird im Mittelbau eine Gartenbau- und Kochschule untergebracht, „die jungen Mädchen des Landes reichlich Gelegenheit bietet, sich in der Gartenpflege zu unterrichten. Diese Gründung verdanken wir der Initiative unserer Großherzogin;" sie hat sich „leiten lassen, [...] von der Fürsorge für ihr Land und für ihr Volk, von der Einsicht des erzieherischen Wertes der Beschäftigung im Garten und in der Natur". Diese Einrichtung wurde nach dem ersten Weltkrieg aufgelöst. Dagegen hielten sich Behelfsbauten für die Schlossgärtnerei, die ebenfalls zu Beginn des 20. Jahrhunderts hier errichtet wurden, bis ins Jahr 1975. Sie erwiesen sich ebenso als Fremdkörper in einer sonst homogenen Gartenlandschaft, wie der zur gärtnerischen Anzuchtfläche abgewertete Orangeriegarten. Erst der Neubau einer Gärtnerei am ursprünglichen Standort im ehemaligen Küchengarten in der Südostecke des Schwetzinger Gartens ermöglichte die Wiederherstellung der Platzsituation in der Grundstruktur von 1767.
Die jahrzehntelange Vernachlässigung und

Behelfsbauten der Schlossgärtnerei vor der neuen Orangerie, 1970, Oberfinanzdirektion Karlsruhe.

Fehlnutzung des Orangeriegebäudes als Werkstatt, Maschinenhalle und Lagerhaus machte seine umfassende Sanierung unaufschiebbar. Nach der Umsetzung aller hier untergebrachten Betriebseinrichtungen in das neue Werkstattgebäude auf dem Gärtnereigelände im Jahre 1996 konnte gezielt an der künftigen Nutzung und den dafür erforderlichen Ausstattungen unter größtmöglicher Schonung der Originalsubstanz gearbeitet werden. So bleibt im Ostflügel der Orangerie und im dort angebauten Glashaus Platz für die Überwinterung des recht beachtlichen Bestandes an Kübelpflanzen im Sinne historischer Vorgaben, während im Westflügel die originalen Gartenfiguren eine vor Wind und Wetter sichere Aufstellung zu einem Lapidarium finden.

Ausgewählte Literatur:

Heber, Wiltrud,
Die Arbeiten des Nicolas de Pigage in den ehemals kurpfälzischen Residenzen Mannheim und Schwetzingen, Worms 1986.

Martin, Kurt,
Die Kunstdenkmäler Badens, Stadt Schwetzingen, Karlsruhe 1933.

Zeyher, Johann Michael und G. Roemer,
Beschreibung der Gartenanlagen zu Schwetzingen, Mannheim um 1820.

Tschira, Arnold,
Orangerien und Gewächshäuser, Berlin 1939.

Sillib, Rudolf,
Schloß und Garten in Schwetzingen, Heidelberg 1907.

Ansicht der Südfassade der Orangerie nach der Restaurierung, Foto Atelier Deckers-Matzko 1999.

Hans-Dieter Proske

Die Instandsetzung der neuen Orangerie 1994 – 1999

Bestandsuntersuchung

Bis in unsere Tage hat sich die neue Orangerie ohne umfassende Sanierung in einem relativ originalen Zustand erhalten. Die Gebäudestruktur war durch die behelfsmäßigen Einbauten falscher Nutzungen wie Werkstätten, Lager- und Maschinenhallen sehr heruntergekommen.

Im Jahr 1994 wurde mit den vorbereitenden Untersuchungen begonnen. Die eigentlichen Baumaßnahmen konnten erst in Angriff genommen werden, nachdem der Neubau für Schlossgärtnerei, Werkstätten und Lagerhallen im Jahre 1996 fertig gestellt war. Die Bauaufnahme und das Studium der Akten aus der Bauzeit brachten interessante Hinweise zur Geschichte des Gebäudes. Dendrochronologische Untersuchungen des Dachgebälks über dem Glashaus ergaben als Fälldatum der Hölzer den Winter 1769/70. Zu diesem Zeitpunkt war die eigentliche Orangerie bereits mehrere Jahre in Betrieb. Der Bauablauf bei der Errichtung der Orangerie erfolgte von Ost nach West. Dies lässt sich mit Hilfe der Abbundzeichen der Zimmerleute im Dachstuhl eindeutig belegen. Auch der große Zeitdruck, unter dem der Neubau der Orangerie stand, lässt sich anhand der Befunde am Bau nachvollziehen. Offensichtlich war im Winter 1762/63, als der Betrieb der Orangerie aufgenommen wurde, nur das „Vordergründige" und „Repräsentative" fertig gestellt, nämlich die Südfassade. Die Wände der Nordseite waren zu diesem Zeitpunkt vermutlich noch nicht einmal verputzt. Die Nutzung für den Westteil der Orangerie muss sich relativ schnell geändert haben, denn einige

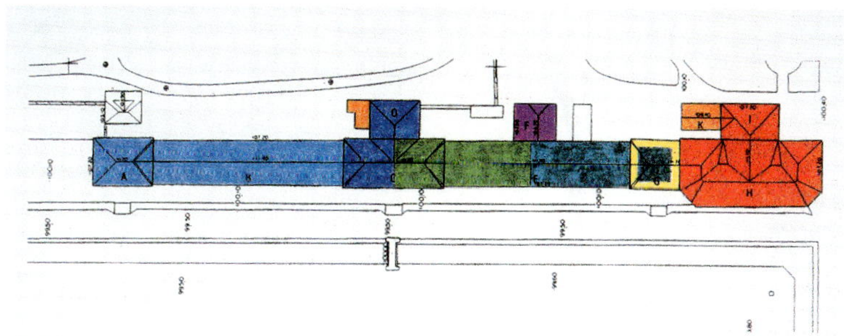

Bauhistorisches Gutachten, Datierung der Bauabschnitte, Dr. Reck 1992.

- *Orangerie (1761/62), 1. Bauabschnitt des Dachwerkes*
- *Orangerie (1761/62), 2. Bauabschnitt des Dachwerkes*
- *Orangerie (1761/62), 3. Bauabschnitt des Dachwerkes*
- *Orangerie (1761/62), 4. Bauabschnitt des Dachwerkes*
- *Anbau an die Orangerie (zwischen 1762 und 1767),*
- *Glashaus (um 1770)*
- *Anbauten (vor 1831)*
- *neues Dachwerk (nach 1945)*

der alten Kaminzüge in diesem Gebäudeteil sind offensichtlich nie befeuert worden. Sie zeigen keinerlei Rußspuren.

Wie viele Orangerien des 18. Jahrhunderts wurde auch die neue Orangerie in Schwetzingen durch große gusseiserne Öfen beheizt, die im Freien von der Nordwand aus befeuert wurden. Alle Kaminöffnungen, Kamintürchen, Teile der Holzschuppen an der Nordseite des Gebäudes und sogar einer der ehemals 14 gusseisernen Öfen haben sich erhalten. Auch die Lüftungsschächte in den Wänden, die für die erforderliche Lüftung bei der Überwinterung der empfindlichen Pflanzen sorgten, sind noch vorhanden. Wie das Heizsystem, so haben sich auch die wesentlichen Teile des Systems zur Versorgung der Pflanzen mit Gießwasser erhalten. Verbindungskanäle vom Arboretumweiher und von der Nordostseite des Gebäudes führten zu zwei Hauptbrunnen im Ost- und Westflügel der Orangerie. Von hier aus wurde über große Sandsteintröge, die wie Schächte und Abdeckplatten noch erhalten sind, das Wasser nach oben gepumpt.

Der Ort, an dem die schweren Kübelpflanzen umgetopft wurden, ist noch an den großen Sandsteinplatten im Boden des östlichen Flügels zu erkennen, und im Mittelbau wurden während der Bauarbeiten die gemauerten Fundamente der Lohbeete entdeckt, in denen die empfindlichen Pflanzen herangezogen wurden. Anhand der vorhandenen und durch die Befunduntersuchung erst entdeckten originalen Substanz der Schwetzinger Orangerie und ihrer historischen technischen Einrichtung können wir uns auch heute noch eine lebhafte Vorstellung von einer Orangerie des 18. Jahrhunderts und ihrem Betriebes machen. Hierzu gehörte auch der Lehmstampfboden, der im gesamten Gebäude eingebracht worden war und für ein optimales Klima zur Aufzucht und Überwinterung der Pflanzen sorgte.

Schadensaufnahme

Neben der Aufgabe der Bestandsuntersuchung, originale historische Substanz und deren Umfang und Wert erst zu erkennen, um dann bei den einzelnen Baumaßnahmen richtig damit umgehen zu können, mussten auch Art und Umfang der Schäden am Gebäude ermittelt werden. Beides, die historischen Be-

funde und die Schäden wurden fotografisch dokumentiert und in Plänen bzw. Kartierungen festgehalten. Am offenkundigsten waren die Schäden am Dach und an der Südfassade des Gebäudes. Die Kriegsschäden am Dach des Ostflügels waren ebenfalls nur behelfsmäßig instand gesetzt worden. Umbauten, verschiedene Reparaturen im Lauf der letzten 100 Jahre, aber auch sehr sorglose Eingriffe in das konstruktive Gefüge beeinträchtigten die Standsicherheit des Dachstuhls.
Durch Wassereinbrüche waren die Fußpunkte der Sparren und die Auflager der Deckenbalken geschädigt. Eine Vielzahl der Deckenbalken war an der Unterseite in ganzer Länge angefault. Dies kann möglicherweise auf Schwitzwasser zurückzuführen sein. Die Nutzung einer Orangerie bedingt ja ein relativ feuchtes Klima, so dass an der Berührungsfläche zum kühleren Dachraum durchaus der Taupunkt unterschritten werden konnte.

Gewaltige Schäden zeigte die Südfassade auf ihrer gesamten Länge von gut 171 m. Die Malerei, der einzige Schmuck der Fassade von fast 1300 m^2, war weitgehend ausgewaschen und ausgebleicht. Noch schlimmer war der Zustand des Putzes, des Trägers der Malerei, die „al fresco", also in den noch feuchten Putz aufgebracht worden war. Weite Teile des Putzes hatten sich vom Mauerwerk gelöst, wölbten sich auf und lagen hohl. Große Bereiche dieses Originalputzes mit der Malerei waren bereits abgefallen. Der Putz löste sich in einzelnen Schichten voneinander ab. Die gesamte noch vorhandene historische Putzfläche hatte ihre Festigkeit verloren und „sandete" mehr oder weniger stark ab. Hauptursache der Schäden am Putz war vermutlich ein Verarbeitungsfehler. Die Untersuchung und Analyse des Putzes ergab nämlich, dass der originale Putz einschichtig aufgetragen wurde und die unausgewogene Zusammensetzung und die zu starke Verdichtung beim Glätten der Oberfläche wahrscheinlich Ursache der Schäden war.

Ebenso augenfällig wie die Schäden an Dach sowie Putz und Malerei der Südfassade, waren die Schäden an den 10 m^2 großen Fenstern der Südfassade. Im westlichen Teil des Gebäudes haben sich die Fenster des 18. Jahrhunderts aus Eichenholz erhalten. Auch wenn die ursprüngliche Nutverglasung im Laufe der vergangenen 230 Jahre in eine Kittverglasung geändert und die meisten Fenstersprossen ausgetauscht wurden, war vor allem das Holz der Wetterschenkel weitgehend zerstört und an den Knotenpunkten erheblich schadhaft, der Kitt mürbe und aufgerissen. Viele Scheiben fehlten gänzlich oder waren zerbrochen. Die Schäden an den Fenstern des Mittelbaus, die im Zuge der Umnutzung für eine Gartenbau- und Koch-

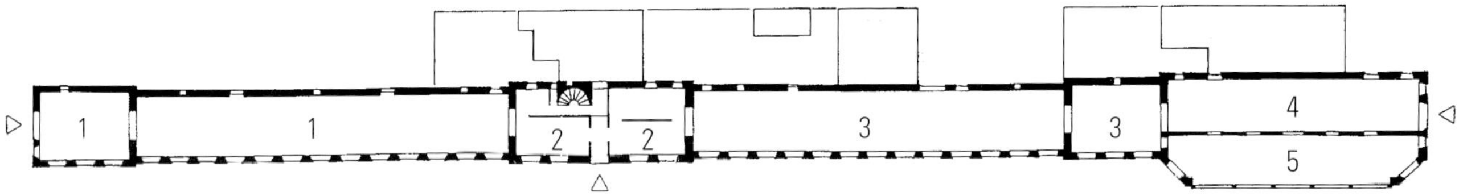

Grundriss der Orangerie, Nutzungsbereiche, Büro Crowell 1999.

1 Westflügel, Lapidarium
2 Mittelbau, Ausstellungsräume
3 Ostflügel, Pflanzenüberwinterung
4 Remise, Figuren-Depot
5 Glashaus, Pflanzenüberwinterung

schule und dem damit verbundenen Einbau einer Zwischendecke um 1900 montiert worden waren, und auch die Schäden an den Fenstern des Ostflügels, die erst nach 1945 die im Krieg zerstörten Fenster ersetzt hatten, waren in Art und Umfang ähnlich.

Nutzungskonzept

Eine Nutzung der Orangerie nach Abschluss der Instandsetzungsarbeiten für die Betriebseinrichtungen, Werkstätten sowie Lager- und Gerätehallen der Schlossgärtnerei kam nicht mehr in Frage. Dies hätte der historischen Bedeutung des Gebäudes widersprochen. Zudem wäre eine Nutzung entsprechend den heutigen Arbeitsstättenrichtlinien ohne erhebliche Eingriffe in die historische Substanz nicht möglich gewesen. Da seit Anfang der 70er-Jahre die Skulpturen des Schwetzinger Schlossgartens durch Kopien ersetzt werden, sollte die Orangerie künftig als Lapidarium zur sicheren Unterbringung der originalen Gartenfiguren dienen. Der östliche Flügel und das daran anschließende Glashaus werden, wie seit ihrer Errichtung, für die Überwinterung von Pflanzen benötigt. Dabei soll das Glashaus gleichzeitig die Möglichkeit für die sehr beliebten Pflanzenausstellungen bieten. Die ehemalige Wagenremise hinter dem Glashaus wird künftig als Depot für all die Gartenfiguren zur Verfügung stehen, die im Lapidarium nicht gezeigt werden können.

Eine Sonderstellung nimmt der Mitteltrakt der Orangerie ein. Im Erdgeschoss soll sich der Besucher künftig anhand einer Dokumentationsausstellung zum Thema „Orangerie" informieren können. Das Obergeschoss wird auch weiterhin als Wohnung genutzt, ebenso wie die Anbauten an der Nordseite der Orangerie, da diese Bereiche schon seit jeher als Wohnräume für die Gärtner des Schwetzinger Schlossgartens bestimmt waren.
Diesem Nutzungskonzept entspricht auch die Ausstattung der Gebäudeteile. Nur der Mittelbau und die Räume für die Überwinterung der Pflanzen waren mit einer einfachen Heizung auszustatten. Eine Alarmanlage im Lapidarium und für das Erdgeschoss des Mittelbaus soll Gartenfiguren und Ausstellungsobjekte sichern. Für die Deponierung der Skulpturen in der Remise und zu deren Prä-

Dachstuhl der Orangerie, nach der Sanierung, Foto Atelier Deckers-Matzko 1999.

sentation im Lapidarium, und der Aufstellung der Pflanzen im Glashaus waren entsprechende Regale und Sockel vorzusehen.

Instandsetzungskonzept

In Zusammenarbeit mit dem Vermögens- und Hochbauamt Mannheim, dem Landesdenkmalamt, der Oberfinanzdirektion Karlsruhe und dem künftigen Nutzer, der Verwaltung der Staatlichen Schlösser und Gärten Baden-Württemberg, sollte nach Beseitigung der durch die Fehlnutzung der letzten Jahre bedingten Einbauten die originale Substanz der Orangerie, einschließlich ihrer Reparaturen, Veränderungen und Ergänzungen, erhalten bleiben, soweit dies statisch und konstruktiv möglich war. Dies bezog sich auch auf die Veränderungen des Mittelbaus um 1895, da diese mittlerweile Bestandteil der Geschichte der Orangerie geworden waren.

1. Bauabschnitt, Instandsetzung von Dach und Fassaden

Um mit den Baumaßnahmen schon beginnen zu können, wurden in einem ersten Bauabschnitt zunächst Dach und Fassaden instand gesetzt. Diese Arbeiten waren möglich, obwohl der Neubau des Betriebsgebäudes für Gärtnerei und Regiebetrieb noch nicht ganz fertig gestellt war. In einem zweiten Abschnitt wurde nach Auszug der Gärtner und des Regiebetriebes mit der Inneninstandsetzung begonnen. Grundsätzlich galt es, das statische System des Dachstuhls, in seiner Gesamtheit als Sprengwerkkonstruktion gebaut, zu reparieren bzw. mit alten Handwerkstechniken und Holzverbindungen wieder herzustellen.

Was war noch zu erhalten? Was musste ausgetauscht werden? Die Sparren waren zu 70% nicht mehr verwendbar und wurden in gleicher Dimensionierung erneuert. Pfetten und Mauerlatten wurden stückweise entfernt und neu in die Konstruktion eingefügt. Teile der Sprengwerke wurden mit neuem Holz überblattend ergänzt. Fehlende Teile der Konstruktion wurden nach Vorgabe des Gesamtsystems komplettiert. Ebenso bearbeitete man die ca. 500 lfm Gesimsbalken, die ca. 1.500 m^2 Holzbalkendecken mit Stückung und Lehmwickel. Hierbei wurden Einschubhölzer und Lehmisolierung nach alter Rezeptur, bestehend aus Ton und Stroh, in die Deckenfelder wieder eingebracht. Ca. 60% der historischen Bausubstanz konnten mit dieser Vorgehensweise erhalten werden. Eine neue Dachschalung, bei der ebenfalls ca. 20% der alten Bretter integriert wurden, sowie eine neue Schieferdeckung komplettierten die umfangreiche Dachinstandsetzung. Um eine gezielte Sanierung der Putzflächen auf der Südfassade vornehmen zu können, mussten anhand einer Musterachse naturwissenschaftliche Untersuchungen angestellt werden, mit denen die Putzzusammensetzung und Verarbeitungstechnik rekonstruiert werden konnten. Mit Hilfe von Proben und Mustern wurden Methoden und Materialien für die Sanierung festgelegt. In einem ersten Schritt wurden originale Putzflächen gefestigt. Stark aufstehende Flächen waren mit wirtschaftlich vertretbarem Aufwand nicht mehr zu erhalten, so dass diese Partien aufgegeben werden mussten. In einem zweiten Schritt wurden die hohlliegenden Flächen mit hydraulischem Kalkmörtel hinterspritzt, um eine Verbindung mit dem Untergrund wiederherzustellen. Vorab war es notwendig, die Randbereiche der „Putzinseln" ebenso mit Kalkmörtel anzuböschen. Alle Fehlstellen der Fassade mussten bis auf die Ziegelmaueroberfläche zurückgenommen werden und wurden schließlich, dem Bestand folgend, mit Kalkmörtel wieder geschlossen. Die Ost-, West- und Nordfassaden erhielten statt der

Sicherung des Wandputzes der Südfassade, Foto Godehard Siecheneder, 1995.

Zustand der Wandmalerei am Mittelrisalit der Südfassade, Foto Atelier Schulz-Graefe, 1967 (links).

Restaurierter Zustand derselben Dokumentationsstelle, Foto Atelier Deckers-Matzko 1999 (rechts).

vorhandenen Zementputzflächen einen neuen Kalk-Trassüberzug.
Die Fassung der Südfassade, d. h. die Rekonstruktion bzw. Ergänzung der Architekturgliederung und figuralen Ausmalung erfolgte „al secco". Glücklicherweise waren aus früherer Zeit noch Bildvorlagen vorhanden, so dass fehlende Elemente wie Blumen- und Obstgirlanden, Löwenköpfe und andere Ornamente abgenommen werden konnten. Grundlage der Restaurierung der Malerei war dabei immer der Bestand noch vorhandener ausgewaschener Malflächen, an die sich die neue Gestaltung in Form und Farbe anzupassen hatte. Das Ergebnis wurde auf diese Art eine in sich geschlossene „gealterte" Gesamtansicht, die bei näherem Betrachten ihre Ergänzungen zu erkennen gibt. Im Gegensatz hierzu erhielten die drei Achsen des Westpavillons sowie Ost- und Westfassade eine Neufassung, da hier keine Originalmalerei mehr vorhanden war.

2. Bauabschnitt – Inneninstandsetzung

Der zweite Bauabschnitt hatte nun die Instandsetzung, d. h. Reparatur, Ergänzung bzw. Erneuerung der Ausbauelemente zum Inhalt. Mittels einer Proberestaurierung an einem Fenster des 18. Jahrhunderts wurden Methoden und Materialien der Instandsetzung erarbeitet sowie der zu erwartende finanzielle Aufwand ermittelt. Grundsatz der denkmalgerechten Reparatur der Fenster war der Erhalt der Fenstergeschichte von ca. 250 Jahren mit allen Spuren der Alterung.
Vor Beginn der Arbeiten wurden alle Einzelelemente dokumentiert sowie Schadens- und Reparaturarbeiten in Plänen gekennzeichnet. In den einzelnen Arbeitsschritten wurden die Rahmen zerlegt, Schlitz- und Zapfenverbindungen gereinigt, wo nötig ersetzt und neu zusammengefügt. Verfaulte Holzsubstanz wurde abgeschnitten und als „Holzvierung" wieder ergänzt. Punktuelle Holzausbrüche wurden ausgeflickt und verleimt. Das noch vorhandene mundgeblasene Fensterglas wurde in Leinölkitt wieder eingeglast. Fehlende Scheiben wurden durch „Goetheglas" ersetzt. Beschädigte Beschläge wurden überarbeitet, gereinigt und mit historischen Befestigungsmaterialien wieder eingebaut, fehlende Teile nach Vorlage ergänzt. Alte Farbanstriche wurden belassen und mit Ölfarbe überfasst. Die Fenster des Glashauses bilden hierin eine Besonderheit, da diese in den 60er-Jahren als Metallkonstruktion ersetzt wurden. Auch hier erfolgte nur eine Überarbeitung der gegebenen Substanz. Türen und Tore wurden hingegen in gleicher Art und Weise bearbeitet wie alle Holzfenster. Auf eine Wiederherstellung der ehemaligen Klappläden der Südfassade verzichtete man.

Der Putz auf den Innenflächen des Gebäudes bereitete weniger Probleme. Zementputze wurden entfernt, bestehende Putze ergänzt und alle freigelegten Mauerwerksflächen mit Kalkputz überzogen. Als Oberflächenschutz wurde auf Decken und Wände eine mehrlagige Kalklasur aufgetragen. In vielen Bereichen der Ost- und Westhalle wurden während der Nutzung des Gebäudes viele Rötel- und Bleistiftzeichnungen sowie Notizen von den Benutzern des Gebäudes aufgebracht. So finden sich einfache Skizzen von Beschlägen, Pflanzen, Dachdetails, verschiedene Verzierungen, aber auch ganze Wetterberichte der damaligen Zeit. Zur Orientierung im Gebäude diente je Fensternische eine Nummer und im Glashaus wurde gar die Alphabetisierung eines Samenlagers auf die Wandfläche aufgetragen. Die freigelegten Ornamente und Bezeichnungen wurden konserviert und in „Blickfenstern" in die Restaurierung der Wandflächen integriert.

Durch die Umbaumaßnahme im Mittelbau um 1895 entfielen die bogenförmigen Tordurchgänge zur Ost- und Westhalle der Orangerie. Um ein durchgängiges Raumerlebnis der Gesamtlänge des Gebäudes wiederherzustellen, wurden die ehemaligen Durchgänge im Erdgeschoss raumhoch geöffnet und die Torsituation von den Hallen aus in moderner Form wiederaufgegriffen. Hierbei wurde be-

Schadenskartierung eines Fenster des 18. Jahrhunderts, Büro Crowel, 1997.

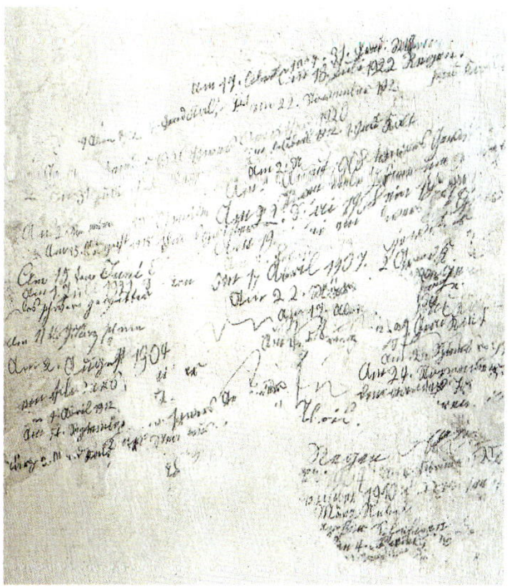

Wetteraufzeichnungen auf den Innenwänden der Westhalle (Ausschnitt), Foto Atelier Deckers-Matzko, 1999.

Dokumentation des Lehmbodenaufbaus (Schnitt), Foto Atelier Kleinert, 1996.

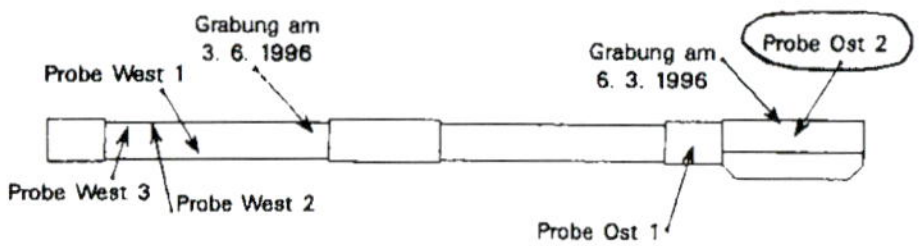

sonderer Wert auf zurückhaltende Form und Materialsprache gelegt. An einigen Stellen der Orangerie konnte noch der alte Lehmboden, der sich in allen Räumen des Gebäudes befand, freigelegt werden. Mittels Schürfen an verschiedenen Stellen der Hallen wurde die Aufbauhöhe und Zusammensetzung des Bodens dokumentiert. Dies lieferte die Grundlage zur Wiederherstellung eines Lehmbodens im Glashaus. Die neue Nutzung des Gebäudes, aber vor allem die notwendige ständige Unterhaltung der Lehmoberfläche, ließ einen generellen Wiedereinbau nicht zu. Hier entschied man sich für einen einfachen Lehmziegelboden, der ein ähnliches Raumklima lieferte, jedoch wartungsfrei ist und eine wesentlich höhere Oberflächenbeanspruchung zulässt.

In der ehemaligen Remise konnte die Möglichkeit geschaffen werden, alle nicht zur Repräsentation gebrachten Objekte und Figurenteile in einem Schwerlastregal archivarisch unterzubringen. Stellagen für Pflanzenausstellungen im Glashaus wurden nach Vorlagen von M. Roubo, *L'art du treillageur ou menuiserie des jardins*, 1775, gefertigt. Im Erdgeschoss des Mittelbaus wird der Besucher zukünftig eine Dokumentation zum Thema „Orangerie" insbesondere der Orangerien in Schwetzingen in einfach gestalteten und möblierten Räumen vorfinden. Im Westflügel der Orangerie wurde die Möglichkeit geschaffen, die Originalfiguren des Schlossgartens, die in den letzten 30 Jahren durch Kopien ersetzt wurden, repräsentativ und in didaktischer Anordnung entsprechend ihrem Standort im Garten aufzustellen.

Die mittels gekalkter Decken und Wandflächen einfach gehaltene Optik der Räume, ein organisch wirkender Ziegelboden sowie ästhetisch schlicht gewählte graue Sandsteinsockel erzeugen eine Impression bildhauerischer Kunst des 18. Jahrhunderts im Schlossgarten Schwetzingen. Vervollständigt wird dieses Figurenprogramm, das in seiner Gesamtheit nicht in der Orangerie Platz finden konnte, im Steinhauersaal des südlichen Zirkelhauses.

Bei der Instandsetzung des Orangeriegebäudes wurden bei allen Arbeiten dem alten Bestand und der neuen Nutzung Rechnung getragen, wobei die Ursprünglichkeit und der Erhalt der historischen Bausubstanz immer wertmaßstäblich waren. Alte Nutzungen wie Pflanzenhäuser, Wohnungen und Remisen sind geblieben, neue Nutzungen wie Ausstellungsräume und Lapidarium sind hinzugekommen. In einem Planungs- und Ausführungszeitraum von 6 Jahren konnte die Orangerie mit einem Kostenaufwand von ca. 15 Mio. DM restauriert und einer ihr entsprechenden Nutzung wieder zugeführt werden. Anhand eines Raumbuches ist dieser Werdegang dokumentiert und liefert damit die Grundlage möglicher Arbeiten oder Veränderungen für die Zukunft.

Neugestaltung des ehemaligen Tordurchgangs zum Mittelbau, Foto Atelier Deckers-Matzko, 1999.

Blick in das Lapidarium im Westflügel, Foto Atelier Deckers-Matzko 1999

Formen der Blumenscherben, aus: Allgemeines Teutsches Garten-Magazin, 1807, Tafel 22.

Historische Orangerie- und Pflanzgefäße

Dorothee Ahrendt

Ende des 17. Jahrhunderts war die Kultur von Orangen auch in Nord- und Mitteleuropa weit verbreitet. Fürsten und reiche Bürger gleichermaßen sammelten und züchteten die verschiedensten Zitrusgewächse. Massiv gebaute Orangen- bzw. Glashäuser mit großen Fenstern lösten die abschlagbaren Winterhäuser ab. Man setzte die Pflanzen in Gefäße und konnte sie damit problemlos an ihren Überwinterungsort oder in jeden beliebigen Gartenteil transportieren und dort in dekorativer Anordnung aufstellen. Auch wechselnde Festarrangements ließen sich auf diese Weise einfach herstellen. Die Kübelgewächse wurden zum beweglichen pflanzlichen Element der Gärten.

War in Italien das traditionelle Pflanzgefäß der Terrakottatopf oder -kübel, benutzte man nördlich der Alpen verschiedenartige Behältnisse aus anderen Materialien: Die größeren Pflanzen wurden in Holzkästen oder -kübel gesetzt, die kleineren kamen in Tontöpfe. Auch Eisen- und Zinkgussgefäße fanden Verwendung. Besonders kostbar und schön waren Porzellan- und Fayencegefäße, auf die an anderer Stelle in diesem Band ausführlich eingegangen wird. Pflanzenart und -größe, die räumlichen Möglichkeiten, gestalterische Aspekte und der individuelle Geschmack sowie die finanziellen Möglichkeiten des Besitzers spielten bei der Auswahl der Gefäße eine Rolle.

Tongefäße

Johann Volkmar Sickler bemerkte 1815 in seinem Buch *Der vollkommene Orangerie-Gärtner*: „In Rom sowie in der Gegend um Rom findet man keine andere, als steinerne, aus gebranntem Thon bestehende Gefäße, in welchen alle Agrumiarten, die edleren nämlich, erzogen werden. Von den hölzernen Kübeln, wie diese in Frankreich, Teutschland und in anderen nördlichen Ländern Europas üblich sind, trifft man hier nirgends eine Spur... Manche von diesen Gefäßen haben eine Höhe von 4-5 Fuß [1,13-1,56 m] zu einem Durchmesser von 3-4 Fuß [1,00-1,13 m] und haben die Form unserer Blumentöpfe." (Sickler, 1815, S. 69f.)

In den toskanischen Villengärten kann man auch heute noch die prachtvollen Terrakottakübel, die so vollendet mit ihrer Umgebung harmonieren, bestaunen. Dort, in Impruneta, befindet sich von alters her eines der bekann-

„Die besten Aesche sind die gut gebrannten, nicht glasierten, irdenen, welche rothgelb, wie ein Dachziegel aussehen. Diese erhitzen sich in der Sonne nicht zu sehr, und die überflüssige Feuchtigkeit, welche die Pflanze nicht aufzehrt, kann durch die Wände gehörig ausdünsten.“

testen Töpferzentren für Terrakottawaren in Italien. Die hier gefertigten Produkte haben aufgrund der verwendeten Tone und Brennverfahren die typische oliv- bis aschfarbene Patina und sind verhältnismäßig schwer.
In den vergangenen Jahrhunderten wurden italienische Terrakottatöpfe in Deutschland nur selten verwendet. Die Anfälligkeit des empfindlichen Materials für Schäden auf den langen Transportwegen sowie beim Aus- und Einräumen der Gefäße ins Winterquartier führte dazu, dass nur einzelne, meist kleinere Exemplare direkt aus Italien bezogen werden konnten.
Fürst Franz von Anhalt-Dessau (1751-1817), der Schöpfer der Wörlitzer Anlagen, erhielt um 1800 Terrakottagefäße von Carlo Agroste aus Impruneta (Höhe 42 cm, Durchmesser 54 cm), die mit kleineren Orangeriegewächsen und blühenden Pflanzen bestückt das Blumentheater im Floragarten des Wörlitzer Parkes zierten. Zwei Originaltöpfe sind dort heute noch vorhanden. Nach ihrem Vorbild wurden in Impruneta Kopien angefertigt und erneut am Originalstandort aufgestellt.
Natürlich versuchte man auch schon früher, Terrakottagefäße möglichst „echt“ nachzuahmen und übernahm Formen und Dekors aus der Toskana. Die charakteristische Färbung erreichte man aufgrund der anderen Tonerdezusammensetzung jedoch nicht. Meist beschränkte man sich auf die Herstellung kleiner bis mittlerer Gefäße. Berühmtheit erlangten die englischen Terrakotten aus viktorianischer Zeit.
Einen interessanten Versuch unternahm auch der Weimarer Hofbildhauer Martin Gottlieb Klauer (1742-1801), der 1789 eine „Toreutica oder Kunst-Backstein Fabrik“ gründete, in der man Vasen, Blumenkörbe und andere „Gartenverzierungen“, für die ein weißer Ölfarbenanstrich empfohlen wurde, produzierte. Der weiße Anstrich deutet darauf hin, dass man nicht Terrakotta, sondern Marmor imitieren wollte.
Der einfache Tontopf (auch Blumenscherben, Blumentopf, Blumenasch, Blumengeschirr genannt) ist schon auf gotischen Tafelbildern und in mittelalterlichen Kräuterbüchern zu finden. In der Renaissance- und Barockzeit gab es weiß, grün, rot, braun oder auch „wie türkisch Papier“ glasierte Töpfe, in die Rosmarin, Myrten, Rosen, Nelken und andere farbenfrohe Blumen und Zwiebelgewächse gepflanzt wurden. Der schmückende Effekt stand dabei im Vordergrund.
Im ausgehenden 18. und beginnenden 19. Jahrhundert kannten die Gärtner und Blumenliebhaber die speziellen Kulturbedingungen und Ansprüche der meisten Pflanzenarten schon sehr genau. Entsprechend wurden auch die Gefäßgrößen und -formen für die Topf- und Kübelpflanzen modifiziert. Im Allgemeinen Teutschen Garten-Magazin

von 1807 erschien ein ausführlicher Artikel „über die beste Form und Materie der Blumenscherben". Darin heißt es unter anderem: „Die besten Aesche sind die gut gebrannten, nicht glasierten, irdenen, welche rothgelb, wie ein Dachziegel aussehen. Diese erhitzen sich in der Sonne nicht zu sehr, und die überflüssige Feuchtigkeit, welche die Pflanze nicht aufzehrt, kann durch die Wände gehörig ausdünsten." (Allgemeines Teutsches Garten-Magazin, 1807, S. 566.) Im Weiteren werden sechs richtige (Fig. 1 - 6) und vier fehlerhafte (a - d) Topfformen beschrieben und abgebildet. Der größte Topf (20,7 cm hoch, oben 21,9 cm weit) wird für Ananas und andere große, wurzelreiche Pflanzen empfohlen. Die kleineren dienen der Bepflanzung mit Levkojen, Goldlack, Zwiebelgewächsen, Rosen, Nelken, Balsaminen, Aurikeln und anderen Blumen.

Pflanzkästen und -kübel aus Holz

Wie schon Sickler erwähnte, pflanzte man früher in den Ländern nördlich der Alpen die größeren Orangeriegewächse in Kästen oder Kübel aus Holz. Der Engländer John Claudius Loudon definierte in seiner *Encyclopädie des Gartenwesens* beide Gefäßtypen folgendermaßen: „Der Pflanzkasten [...] dient als Substitut für einen großen Topf; er hat eine cubische Gestalt und ist gewöhnlich von Holz [...] und man kann dessen Standort nach Gefallen verändern. Solche Kästen werden hauptsächlich zu Orangenbäumen gebraucht [...]. Der Pflanzenkübel ist ein cirkelförmiges Geräth, welches vom Böttcher zu dem selben Zweck wie der Pflanzenkasten verfertigt wird." (Loudon, 1823/24, S. 377.)

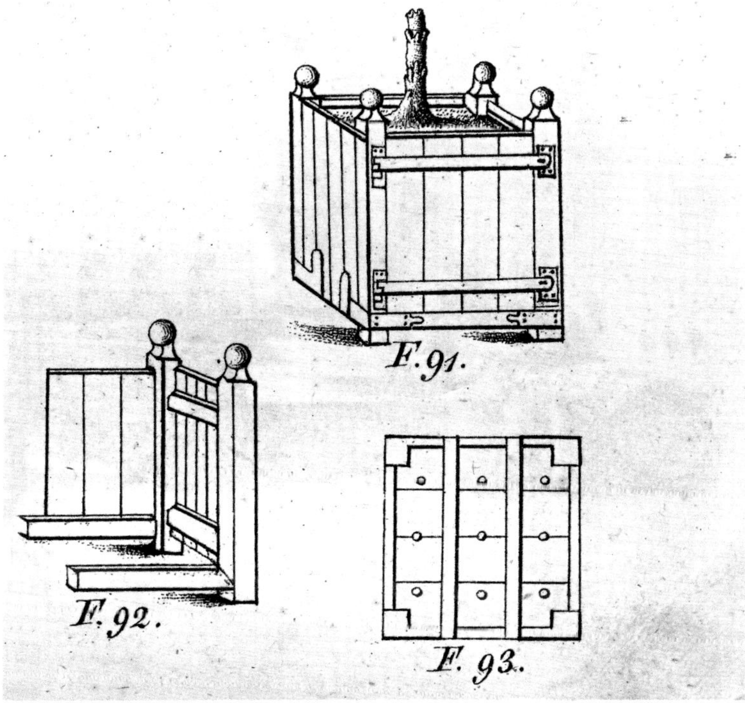

Orangenkasten, Versailler Modell, aus: John Claudius Loudon, Eine Encyclopadie des Gartenwesens, Bd. 4, o. J., Tafel 91-93.

Die Versailler Orangerie mit ihren symmetrisch aufgereihten Orangenbäumen in den kubischen Kästen wurde zum Vorbild für unzählige ähnlich gestaltete Gartenteile in ganz Europa. Der mit Ölfarbe gestrichene Kasten aus Eichenholz mit den Zapfen als Eckbetonung avancierte als „Caisse de Versailles" zu

„Zwei der einander entgegengesetzten Seiten sind fest, und die anderen beiden beweglich ..., damit man den Zustand der Wurzeln leicht untersuchen, auch nach Gefallen die alte Erde herausmachen und frische dafür hinein thun kann...“

einem regelrechten gärtnerischen Exportschlager, wurde vielfach nachgebaut und variiert.
Loudon beschrieb diesen Kastentyp folgendermaßen: „Zwei der einander entgegengesetzten Seiten sind fest, und die anderen beiden beweglich; diese werden jedoch durch ein paar eiserne Stangen, die an einer Seite Angeln haben und auf der anderen eingehakt werden, damit man den Zustand der Wurzeln leicht untersuchen, auch nach Gefallen die alte Erde herausmachen und frische dafür hinein thun kann, an ihren Platz festgehalten." (Loudon, 1823/24, S. 377.) Als weiteren Vorteil nannte er das problemlose Umpflanzen.
Dies ließ sich bei einem anderen Kastenmodell, bei dem alle vier Seitenteile durch Verzapfungen oder das Aufnageln von Brettern fest verbunden waren, nicht so einfach bewerkstelligen. Die Anfertigung solcher Kästen war jedoch bis in die Mitte des 19. Jahrhunderts wesentlich kostengünstiger, da keine oder nur sehr wenige Metallteile (Nägel) dafür notwendig waren. Die Seitenwände (Bretter oder Tafeln) konnten farbig abgesetzt, marmoriert, mit Wappen, Spiegeln, Landschaften, Schäferszenen oder ähnlich wie Fayencen bemalt werden. Dabei spielten oftmals der individuelle Geschmack des Besitzers, die Familien- und Landesfarben eine Rolle.

Als ideale Proportionen für Orangenbaum und Kasten galten:
Kastenhöhe:Stammhöhe:Kronenhöhe=1:2:1.
Um einen guten Wasserabzug zu gewährleisten, wurde der Kastenboden mit einer dicken Schicht von Steinen oder Scherben bedeckt. Da Orangenbäume ein flaches Wurzelsystem ausbilden, kam vielerorts ein weiteres, eher quaderförmiges Kastenmodell, wie es zum Beispiel in der Orangerie im Weimarer Belvedere zu finden ist, zur Anwendung. Nicht nur die großen Zitrusgewächse sondern auch Myrten, Granatäpfel, Palmen, Agaven, Zypressen, Jasmin und andere, die im Habitus und in den Proportionen passend erschienen, standen in diesen Holzkästen.
Es gab noch unzählige andere Kastenvarianten, wie zum Beispiel kunstvoll verzierte sechseckige, viereckige mit gedrechselten Knäufen, wie Truhen mit Bändern beschlagene und Kästen mit verzinkten Einsätzen. Die runden Holzkübel wurden aus Eichendauben gefertigt und je nach Größe durch zwei bis fünf Eisenreifen zusammengehalten. Innen waren sie ebenfalls ausgebrannt oder „ausgepicht" (mit Pech ausgestrichen). Loudon schrieb über sie: „Kübel können von jeder Größe seyn", und er erwähnte als Vorteil, „daß, wenn man die Reifen abschlägt, die Dauben sogleich sich ablösen und die Wurzeln untersuchen und säubern lassen." (Loudon, 1823/24, S. 1024.)

Orangerie Belvedere, Weimar, Postkarte um 1900-1915.

Die Holzkübel wurden analog zu den Holzkästen bepflanzt. Bei der Entscheidung für Kasten oder Kübel spielte auch die Anordnung der Pflanzen im Freien eine Rolle. Alexandre le Blond vermerkte 1731 dazu: „Man setzet sie [die Kübel] mehrentheils auf Ziegeln, oder Holtz-Creutze, damit sie sich nicht zu sehr in die Erde einsencken, und allda verfaulen. Gemeiniglich setzet man einen kleinen Kübel zwischen zwei grosse, um den unteren Theil auch zu bekleiden. Man kann auch zur Vermehrung der Schönheit Gefässe mit Bäumlein und Geschirr mit Blumen, nachdem es die Jahrs-Zeit mitbringt, darzwischen setzen." (Le Blond, 1731, S. 290.)

Zu den Maßverhältnissen der Kübel werden in der alten Gartenliteratur ähnliche Angaben wie zu den Kästen gemacht. Sie reichen von 1:1 (Höhe:oberer Durchmesser) bis 1:2. Wegen der besseren Standfestigkeit sollten die Gefäße sich von oben nach unten nur wenig verjüngen. Oft entsprach auch der untere Durchmesser der Kübelhöhe. Wie bei den viereckigen Kästen galt 1:2:1 (Kübelhöhe: Stammhöhe:Krone) als ideal.

Die Kübel wurden außen ebenfalls mit Ölfarbe angestrichen. Auf der „Abbildung eines Gartengefäßes für die Aufzucht ausländischer Bäumchen wie es in Belgien gewöhnlich verwendet wird" aus dem Jahre 1646 vermerkte

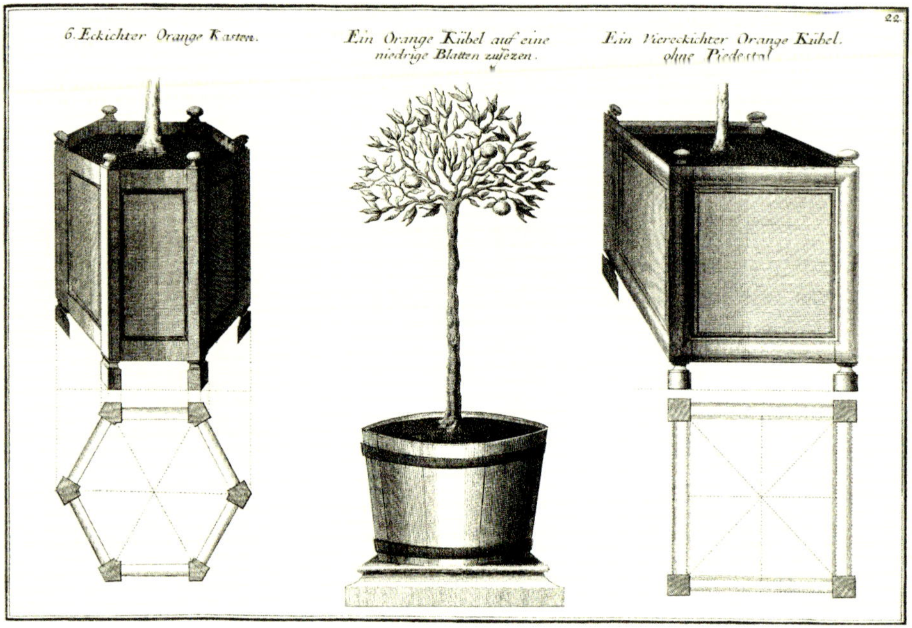

Verschiedene Kasten- und Kübelformen, aus: J.A. Pfeffel, J.D. Fülck, Neue Gartenlust..., Augsburg o. J. (um 1740), Tafel 22.

Giovanni Battista Ferrari „rot bemalte Eisenringe“ auf „grün bemalten Seitenwänden“. (Ferrari, 1646, S. 141.) Aus der Mitte des 17. Jahrhunderts existieren Darstellungen von rot oder blau „geflammten“ Kübeln, wie sie zum Beispiel für die Orangerie am Schloss Seehof wieder angefertigt wurden, oder wie sie als Stuckdekorationen im Treppenhaus der „Zitronenburg Velen“, Westfalen, zu sehen sind. Auch solche mit Wappen und bildlichen Szenen sind bekannt. In Wiener Barockgärten standen weiße Kübel mit goldfarbenen Ringen. Einfarbig weiß, grün, grau, blau oder braun bemalte Holzkübel mit geschwärzten oder andersfarbig abgesetzten Reifen wurden ebenfalls hergestellt.

Gefäße aus Metallguss

Gefäße aus Gussmetall wurden leer oder auch bepflanzt als Schmuckelemente auf Terrassen, Balustraden, Geländern, Mauern, Treppen, Podesten und Sockeln aufgestellt. In der Regel standen sie in Gebäudenähe, rahmten Parterres oder schmückten besondere Gartenteile. Als kostbar galten Gefäße aus Blei (meist vergoldet), Bronze und Zinkguss (zum Beispiel in Branitz und Babelsberg zu finden). Waren diese Materialien zu kostspielig, so griff man auf Gusseisen zurück. Derartige Vasen und Kübel wurden meist angestrichen oder vergoldet, um edlere Materialien vorzutäuschen. In Gaußig, Sachsen, existiert noch ein weiß emaillierter, mehrteiliger Eisenkübel mit blauem Dekor, der in Paris hergestellt wurde. In der letzten Hälfte des 19. Jahrhunderts wurden gusseiserne Möbel, Gitter und anderer Gartenzierrat zu einer regelrechten Mode. Gießereikatalogen aus dieser Zeit kann man entnehmen, dass teilweise sehr bizarr geformte und mit Dekor überladene Pflanzgefäße hergestellt wurden. Bepflanzt waren die Metallgefäße meist mit Orangenbäumchen, Agaven, Palmen oder hochstämmigen Blütensträuchern. Gusseiserne Gefäße gab es schon im Barock, wie teils original erhaltene, teils nachgegossene Kübel und Vasen in den königlich preußischen Gartenanlagen, zum Beispiel am Schloss Charlottenburg, in Sanssouci, Köpenick und im botanischen Garten Dahlem beweisen. In den Gartenpartien am Wörlitzer Schloss und im dortigen Blumentheater wurden um 1770 gusseiserne Pflanzgefäße in drei verschiedenen Größen und Formen aufgestellt.

Sonstige Pflanzgefäße

Die Palette der Materialien, aus denen Pflanzgefäße gefertigt wurden, war außerordentlich umfangreich: Vasen und Kübel aus Marmor, Orangenkästen aus Schieferplatten,

Orangenkübel, aus: Ferrari, 1646.

Gefäße aus Naturstein wie Granit, Sandstein, Kalkstein usw., aber auch aus Stuck und „Kunststein". „Zementvasen" ließ schon Fürst Pückler-Muskau (1785-1871) um 1850 auf der Babelsberger und Branitzer Schlossterrasse aufstellen. Sie waren farbig gefasst und bronziert sowie mit Hortensien oder Lorbeerbäumen, Neuseeländer Flachs, Palmen oder Blumen bepflanzt. Auch große Muschelschalen wurden auf Wunsch des Fürsten als zeitweilige Pflanzbehältnisse genutzt.

Ausgewählte Literatur

Allgemeines Teutsches Garten-Magazin, 4. Jahrgang, VIII. Stück, Weimar 1807.

Ferrari, Giovanni Battista, Hesperides sive de malorum aureorum cultura et uso, Rom 1646.

Le Blond, Alexandre, Die Gärtnerei, Augsburg 1731, dt. Übersetzung von: Antoine Joseph Dézallier d'Argenville, La Théorie et Pratique du Jardinage, Paris 1709.

Loudon, John Claudius, An Encyclopaedia of Gardening, London 1822, dt.: Eine Encyclopädie des Gartenwesens, 2 Bde., Weimar 1823/24.

Sickler, Johann Volkmar, Der vollkommene Orangerie-Gärtner, oder Beschreibung der Limonen, Citronen und Pomeranzen, oder die Agrumi in Italien und ihre Cultur, Weimar 1815.

Orangeriepflanzen in Zierkübeln, Christian Thalnitzer 1708-1712, Schloss Weikersheim, Rittersaal, Fotoarchiv Staatliche Schlösser und Gärten Baden-Württemberg.

„Unterschiedner Garten und Gewächs Scherben“

Ulrike Grimm

Zierkübel des Barock

„Unterschiedner Garten und Gewächs Scherben", keramische Zierkübel, zählen heute zu den seltenen Zeugnissen barocker Orangerie- und Pflanzenkultur.

Dic cinstige Bedeutung solcher Gefäße lässt sich in den barocken Gartentraktaten nachweisen. In einem Standardwerk seiner Zeit, der 1720 erschienenen „Neue Garten Lust" von Johann David Fülck, werden Zierkübel, die in neuen Lust- und Blumengärten „höchst nöthig und dienlich" sind, vorgestellt.

Zu erinnern ist auch an die Serie der herausragendsten Pflanzen aus der Weikersheimer Orangerie, die zwischen 1708-1712 in solchen Zierkübeln auf den Lambris des Festsaals porträtiert wurden. Die kostbaren Kübel gehören zu jenen 202 Pflanzkübeln, welche im Inventar von 1757 als „gemalte steinerne Nelkenscherben" erfasst sind.

In Schwetzingen bildeten vermutlich einst

„Unterschiedener Garten und Gewächs Scherben“, aus: Johann David Fülck, Neue Garten Lust, Augsburg 1720, Tafel 24.

ebensolche Gefäße mit jungen Orangeriepflanzen den beweglichen Teil des Gartens, selbst wenn keine keramischen Pflanzkübel aus Schwetzingen erhalten sind.
In der Ausstellung der Schwetzinger Orangerie werden zwei Zierkübel gezeigt, die sich in Schloss Favorite bei Rastatt erhalten haben. Die folgende Vorstellung dieser Kübel aus dem Lustschloss der Gemahlin des Markgrafen Ludwig Wilhelm von Baden-Baden erinnert an die Vielfalt und einstige Bedeutung barocker Pflanzkübel. Am Ende lässt ein Blick auf die in den letzten beiden Jahrzehnten des 17. Jahrhunderts zum ersten Mal verwendeten blau-weißen Kübel von Versailles die Vorstellungen erkennen, die all diese kostbaren „Unterschiedner Garten und Gewächs Scherben" angeregt und bestimmt haben.

Die Zierkübel aus Schloss Favorite bei Rastatt

Die ausgestellten Zierkübel gehören zu dem Bestand von insgesamt 15 Kübeln, die Sibylla Augusta, Markgräfin von Baden-Baden (1675-1733), für ihr Lustschloss zusammengebracht hat. Wir wissen nur, dass schon vor der Fertigstellung der kostbaren Dekorationen der Schlossräume in Favorite 1717 mit dem Bau einer Orangerie begonnen worden war. Im Herbst 1720 wurden dort eiserne Öfen aufgestellt, „weil der Gärtner Rubbert gar viell schöne junge Orangerie ziehet". Die erste Orangerie in Favorite, aber auch die fünf Jahre später errichtete zweite Orangerie im „Favoritenwäldlel" sind nicht mehr erhalten. Die keramischen Kübel von Favorite verdienen wegen ihrer Seltenheit besondere Beachtung. Die Zierkübel aus der Sammlung der Gemahlin des „Türkenlouis", die von verschiedener Herkunft, in unterschiedlicher Technik und Form gearbeitet sind, geben einen Eindruck von der Vielfalt und Kostbarkeit solcher Gefäße, wie sie heute in keinem anderen Schloss mehr zu finden sind.

Wie die „Unterschiedner Garten und Gewächs Scherben" im fülckschen Musterkompendium zeigen die fünf aus Ton gebrannten Gartenkübel in Favorite alle eine unterschiedliche einfache Gefäßform auf Standringen, an deren Seiten die Henkel teils als Voluten teils als Termen gebildet sind. Die gepressten oder aufstaffierten Ornamentformen: Blumenfestons, Fruchtbuketts, Muschelformen, Akanthusblätter sind mit kalten Farben in den Grundtönen bemalt und lassen Reste von Vergoldungen erkennen. Die Ablauflöcher am Boden sind Hinweis dafür, dass diese Zierkübel vermutlich direkt bepflanzt und nicht wie Übertöpfe genutzt wurden. Der Vergleich mit den Entwürfen in der „Neuen Garten Lust" macht deutlich, dass die Kübel wohl zu Beginn des 18. Jahrhunderts entstanden sind. Wir haben jedoch keinerlei Hinweise auf ihre

Herkunft, noch den genauen Ort ihrer Aufstellung oder auf die ursprünglich in Favorite vorhandene Anzahl solcher Kübel. 1686 waren 85 000 Steinzeugkübel von verschiedener Größe im Versailler Garten des Trianon de Porcelaine ausgeliefert worden. Selbst wenn eine solche Lieferung für Ludwig XIV. nicht dem in Favorite vergleichbar ist, zeigt die Nachricht doch, dass die erhaltenen Tonkübel aus der Sammlung Sibylla Augustas vielleicht nurmehr einen sehr kleinen Restbestand darstellen.

Pflanzkübel, Terrakotta mit kalter Bemalung, um 1700, Schloss Favorite b. Rastatt, Staatliche Schlösser und Gärten Baden-Württemberg, Inv. Nr. G 3072, Foto A. Bachinger, Karlsruhe.

Einzelstücke von kostbarer Wirkung und höchstem repräsentativen Wert sind das Paar achteckiger Orangenkübel in blau-weißem Fayencedekor, die aus Delft, vermutlich aus der Manufaktur Adriaen Kocks stammen. Das Monogramm WMR mit der Königskrone darüber legt die Vermutung nahe, diese prachtvollen Zierkübel habe der englische König William III. und seine Gemahlin Mary in Auftrag gegeben. Dass solche königlichen Orangenkübel in Delft gefertigt wurden, ist archivalisch überliefert und aus einigen wenigen Beispielen, so in Schloss Monplaisir bei Peterhof, bekannt.

Für diese beiden Favoriter Orangenkübel aus Delft haben achteckige silberne Weinkühler, die zu den aufwendigsten Prunkstücken der Zeit um 1700-1720 zählen, das Vorbild für die formale Einteilung der Felder und Ornamentzonen gegeben. Der Vergleich mit jenem so ganz im strengen Stil des französischen „modern goût" gestalteten Paar des David Willaume (1718) macht deutlich, dass diese beiden blau-weißen Kübel aus dem Lustschloss der Markgräfin Sibylla Augusta höchst modische, in der Sprache der Zeit „magnificente" Prachtstücke darstellten. In neustem Design und fortschrittlichster Technik stellten diese Glanzstücke zeitgenössischer europäischer Keramikkunst dar.
Da die Orange oder der Orangenbaum zu den geläufigen Attributen des Herrscherhauses gehört und zum Beispiel in vielen Porträts der Oranier die Orange als emblematisches Zeichen zu finden ist, kommt den Zierkübeln mit dem Wappen William III. auch eine sprechen-

Pflanzkübel, Fayence mit blauer Dekoration in Scharffeuer, Delft (Adrian Kocks ?), um 1700, Schloss Favorite b. Rastatt, Staatliche Schlösser und Gärten Baden-Württemberg, Inv. Nr. G 2835, Foto A. Bachinger, Karlsruhe.

de Bedeutung zu (vgl. Abb. S. 11). Delfter Orangenkübel, die in der Favoriter Form einzigartig, jedoch auch noch in anderen Formen für den König gearbeitet und überkommen sind, waren als prunkvolle Zeugnisse zur Selbstdarstellung des englischen Königs in der höfischen Welt vor 300 Jahren gegenwärtig.

Angesichts der beiden Favoriter Zierkübel ist schließlich daran zu erinnern, dass in ihnen nicht zuletzt die ganz besondere Wertschätzung für die Pflanzenkultur zum Ausdruck kommt, die William III. und seine Gemahlin Mary sowohl in ihren Schlössern in den Niederlanden als auch in England mit größter Kennerschaft gepflegt hatten. Im epochalen *Hortus Regius Honselaerdicencis*, dem von William III. beauftragten Pflanzenkompendium, sind die seltenen exotischen Pflanzen in kostbarsten, reich geschmückten Kübeln vorgestellt. Welch bedeutende Rolle den Zierkübeln beigemessen wurde, zeigt auch die Nachricht, dass 2600 verschiedene, das heißt hölzerne, aber auch glasierte in Delft bemalte blau-weiße und vergoldete bronzene Pflanzkübel zwischen 1700 und 1717 für die Neuanlagen der Gärten von Hampton Court geliefert wurden.

Marys Appartements im ab 1686 neu erbauten Jagdschloss Het Loo lassen ihre Vorliebe für Pflanzen und Blumen, darüber hinaus aber auch ihre Sammelleidenschaft für Fayence und Porzellan erkennen. Bis heute sehen wir die gleichen Neigungen der Markgräfin Sibylla Augusta in ihrem Lustschloss Favorite. Die beiden Favoriter Zierkübel mit dem blauweißen Delfter Dekor werden demnach als großzügige fürstliche Geschenke verständlich, die einen hohen repräsentativen Anspruch erfüllten und zugleich geteilten Interessen huldigten. Die Quellen verraten bisher leider nicht, ob die beiden Zierkübel neben einem bezeugten vergoldeten Teeservice zu jenen opulenten Geschenken zählten, die der „Türkenlouis" von seinem Aufenthalt am englischen Hof im Jahr 1694 seiner Gemahlin mitgebracht hatte. Möglicherweise waren die beiden Orangenkübel aber auch zu einem etwas späteren Zeitpunkt als Zeugnis gemeinsamer Verbundenheit der Hausherrin von Favorite geschenkt worden.

Der größte Bestand an „gemalten steinernen Scherben" sind sieben Fayence-Kübel mit dem Dekor in blauen Scharffeuerfarben. Die etwa 40 cm hohen Kübel in Form von Glockenkratern entstanden in Hanau vermutlich zur Blütezeit der Manufaktur um 1700. Typisch ist die strahlend weiße Glasur und das warme Blau, welches in helleren und dunkleren Tönen benutzt ist. Das ornamentale Dekor gliedert Sockel, godronierte Schulter und den oberen leicht ausschwingenden Gefäßkörper in drei Bildzonen. Fantasievolle Blüten- und Blattgehänge deutscher Blumen, Vögel und Insekten, aber auch Landschaftsszenen in Bildreserven auf einigen Kübeln verleihen diesen Favoriter Gefäßen einen europäischen, heiteren Charakter.
Bei diesen Kübeln handelte es sich wohl geradezu um eine Art Standardkübel, wie sie in den ersten Jahrzehnten des 18. Jahrhunderts in fürstlichen oder reicher Patrizier Gärten oft zu finden waren und offenbar in mehreren Manufakturen produziert wurden. Vergleichbare Kübel wurden in Delft gefertigt. Auch aus der Manufaktur in der Stadt der

Weinkühler, Silber, Meistermarke David Willaume I, London 1718/9, ehemals Slg. Alan und Simone Hartman, aus: Hartop, 1996.

„Nürnbergischen Hesperiden" kennen wir Orangenkübel der Zeit (Nürnberg, Germanisches Nationalmuseum), die mit den Hanauer Kübeln eng verwandt sind. Von der Wertschätzung blau-weißer Fayencekübel zeugt schließlich die Porträtserie der Orangeriepflanzen in Fulda, die der Fürstabt Amand von Buseck bei J.A. Herrlein ab 1747 in Auftrag gegeben hatte. Der Schirmherr der Fuldaer Fayence-Manufaktur ließ die erblühten Raritäten, wie zum Beispiel eine Ananas, in Kübeln malen, die neben modischen Rocailleornamenten sein Wappen zieren.
Dass diese kostbaren, leicht zerbrechlichen Gefäße mit dem Niedergang der Orangerien und der damit einhergehenden veränderten Gartenvorstellung in der zweiten Hälfte des 18. Jahrhunderts keine Verwendung mehr fanden, mag die naheliegende Erklärung sein

des Sonnenkönigs erschließt sich deren Stellenwert innerhalb der höfisch barocken Orangeriekultur.

Pflanzkübel, Fayence mit blauer Dekoration in Scharffeuer, Hanau um 1720, Schloss Favorite b. Rastatt, Staatliche Schlösser und Gärten Baden-Württemberg, Inv. Nr. G 4717, Foto A. Bachinger, Karlsruhe.

Pflanzkübel, Fayence mit blauer Dekoration in Scharffeuer, Hanau um 1720, Schloss Favorite b. Rastatt, Staatliche Schlösser und Gärten Baden-Württemberg, Inv. Nr. G 6155, Foto A. Bachinger, Karlsruhe.

für die heutige Seltenheit solcher einst sehr geschätzten blau-weißen Fayence-Orangenkübel.

In Versailles hatte diese Mode ihren Ursprung. Vor dem Hintergrund der Nachrichten zu den vorbildlichen Zierkübeln in den Gärten

Vorbilder: die Zierkübel in Versailles

Das Nonplusultra eines prunkvollen Zierkübels waren die aus massivem Silber gegossenen Kübel für Orangenbäumchen, die in Versailles an silbernen Tragestangen herbeigebracht, zum prunkvollen Raumschmuck bei großen Festlichkeiten des Sonnenkönigs gehörten. Die Kübel in Versailles erfüllten die Aufgabe des Pflanzgefäßes, ihre eigentliche Funktion war jedoch die eines Prunkstücks zur kunstvollen Inszenierung des Sonnenkönigs, nicht anders als die berühmten Silbermöbel von Versailles. Die silbernen Orangenkübel sind jedoch nicht mehr erhalten, da diese Kostbarkeiten zusammen mit den Silbermöbeln 1689 zur Finanzierung der Kriege auf Befehl Ludwigs XIV. eingeschmolzen wurden. Wie der Duft der Orangen bei festlichen Empfängen das Schloss des Sonnenkönigs erfüllte, fanden sich auch im Garten von Versailles Zierkübel, deren Blumenschmuck zur Steigerung der Pracht dienten. Blau-weiße Zierkübel waren an den Beckeneinfassungen der Zierbrunnen aufgestellt. So beschrieb Mme de Scudéry in ihrer 1669 erschienen „Promenade de Versailles": „à ses terrasses bordées de vases de cuivre peints de porcelaine"– also Zierkübel aus Kupfer, die wie Porzellan bemalt waren. Die Lieferungen blau-weiß dekorierter Fayencekübel werden in den Rechnungen derselben Jahre aufgeführt. Auch als 1672 für das große Fest der Cour de Marbre zu einer Freilichtbühne hergerichtet worden war, standen seitlich zwischen den großen hölzernen Orangenkübeln ebensolche kleinere Zierkübel, deren Form jenen Kupferkübeln aus dem Garten glich.

Im 1670 begonnen Trianon de Porcelaine, dem Lustschloss, das Ludwig XIV. für Mme de Montespan im Park von Versailles hatte errichten lassen, wurde die Möglichkeit des transportablen Blumenschmucks, die die blau-weißen Zierkübel lieferten, in noch bedeutenderem Maße genutzt. Im „Pavillon de Flore" wie das Schloss zunächst hieß, waren in den ebenerdigen, mit Fayencefliesen ganz in blau-weiß ausgestalteten Festsälen und den angrenzenden Gartenanlagen blau-weiße Kübel aufgestellt. Da schon 1687 das erste Trianon abgerissen worden war, berichten uns nurmehr Bild- und Schriftquellen von diesem Schloss, das wie Félibien 1674 schreibt, von aller Welt für Zauberei gehalten wurde. Allein ein Fliesenbild mit einem blau-weißen Zierkübel und kunstvollem Blumenstrauß, das vom Trianon entfernt und im Schloss von Rambouillet wieder eingemauert wurde, gibt uns heute noch einen Eindruck von den staunenswerten Zierkübeln im Trianon. Der Blick auf Versailles lässt erkennen, nicht nur der

Ananasstaude, Öl auf Leinwand, J.A. Herrlein, Fulda 1748, Museum Schloss Fasanerie, Eichenzell, Hessische Hausstiftung.

Traum immer währenden Frühlings, gestellte Bilder „der stillen Leben" von Pflanzen und Blumensträußen waren hiermit angesprochen. Die Zierkübel und ihr kunstvoll präsentierter Blumenschmuck verwandelten Außen-

Kachelbild, Kacheln, Delft: Manufaktur de Roos (?), Musée national de Sèvres, Foto RMN 0012 72 01.

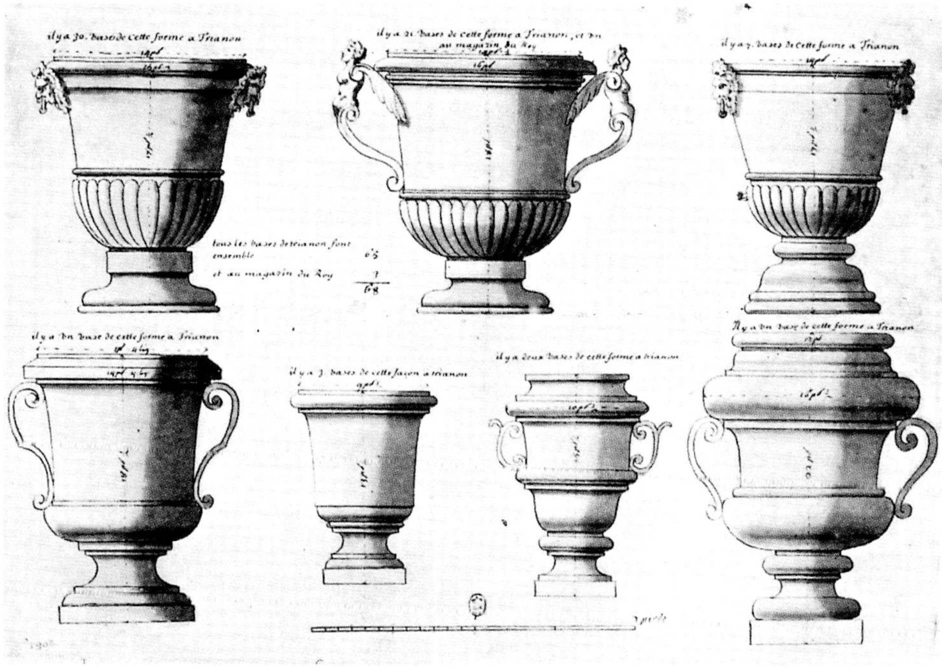

Entwürfe für verschiedene Vasen aus Kupferblech, die wie Porzellan bemalt und für die Garten des Trianon bestimmt waren, Paris, Bibliothèque nationale, aus: Marie, 1968.

in Innenraum, verliehen dem gefliesten Gartensaal im Schloss den Charakter eines Parkraums, deren Aufstellung vor den Kaminen im Sommer gab den vielen Blumenmotiven in den kostbaren Dekorationen ihre wirkliche Ergänzung.
Die Zierkübel, die sich in den Sammlungen von Schloss Favorite erhalten haben, waren nicht anders als im Schloss des Sonnenkönigs Kostbarkeiten, welche dazu beitrugen, Garten und Schloss als eine Vision des paradiesischen Reichs von Cathay mit den zauberhaften Blumen zu inszenieren. Bis heute wird anschaulich, dass auch Markgräfin Sibylla Augusta hiermit jene Vorstellungen verwirklichte, die der Duc de Saint Aignan (1677) in der Ekloge über das Porzellanschloss in Versailles feiert:
„Pour le plaisir des yeux changé l´ordre du temps, fait des plus grands hivers un eternel printemps" – Zur Freude der Augen war der Wechsel der Jahreszeiten aufgehoben, wurden die größten Winterzeiten in ewigen Frühling verwandelt.

Ausgewählte Literatur

Erkelens, A.M. L.E.,
Delffs porcelijn'van konigin Mary II, Het Loo 1996.

Griffiths, Mark,
„Vessels of the crown",
in: The garden, Journal of the royal horticultural society, May 1999, S. 328-331.

Hartop, Christopher,
The Hugenot legacy.
English Silver 1680-1760 from the Alan and Simone Hartman collection, London 1996.

Marie, Alfred,
La naissance de Versailles, Paris 1968.

Sillib, Rudolf,
Schloß Favorite und die Eremitagen der Markgräfin Sibylla Augusta von Baden-Baden, Heidelberg 1914.

Heinrich Hamann

Die Heizung in Orangerien und Gewächshäusern

Fahrbarer Ofen aus dem abschlagbaren Pomeranzenhaus im Heidelberger Hortus Palatinus, 1620, Zeichnung Annette Schädel.

In der Folge der Ausbreitung des italienischen Kulturgutes entstand ab der Mitte des 16. Jahrhunderts ein immer stärkeres Bedürfnis, auch nördlich der Alpen die Gärten mit den Pflanzen aus den mediterranen Gebieten wie Granatäpfel, Oleander, Myrten, Palmlilien, Rosmarin und den verschiedenen Zitrusarten zu schmücken.

Um diese empfindlichen Pflanzen frostfrei überwintern zu können, bedurfte es besonderer Gebäude. Als Winterschutz für die zunächst im freien Grund ausgepflanzten Gewächse dienten hölzerne Konstruktionen, die im Herbst über den Pflanzen errichtet und im Frühjahr wieder entfernt wurden. Auf Grund ihrer Ausführung war es bei diesen Gebäuden jedoch kaum möglich, die hohen Ansprüche der Pflanzen an Licht, Luft und Temperatur zu beachten.

Zur Temperierung der Pflanzenräume dienten fest errichtete oder fahrbare Öfen, mit denen eine gleichmäßige Erwärmung nicht gegeben war. Die in Italien gebräuchlichen Feuerbecken oder Kohlepfannen, in denen rauchfreie Holzkohle glühte, reichten in Deutschland als Heizung nicht aus. Flache, mit Wasser gefüllte Schalen dienten zur Kontrolle

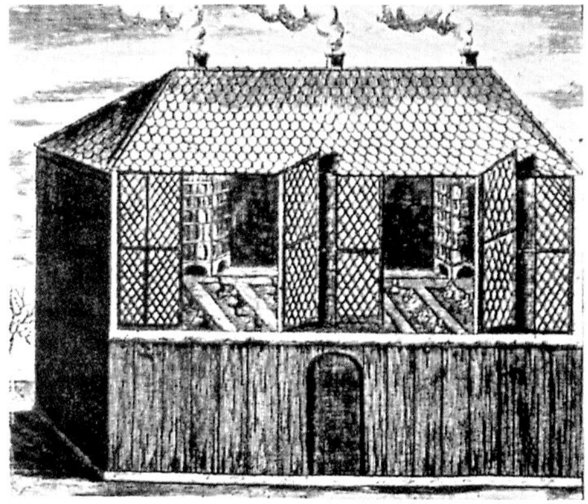

Abschlagbares Pomeranzenhaus mit Kachelofenheizung, aus: Hesse, 1696.

der Temperatur. Begann das Wasser zu frieren, musste sofort geheizt werden, da ab -2° C die Pflanzensäfte in den Leitungsbahnen gefrieren und diese dadurch zerstört werden. Dies alles beschränkte die Größe solcher Gebäude. Örtliche Überhitzungen und austretendes Rauchgas führten häufig zu Pflanzenschäden. So brannte 1655 durch einen überhitzten Ofen das erst 1647 errichtete, hölzerne Pomeranzenhaus im Berliner Lustgarten mit seinen damals schon recht umfangreichen Pflanzenbeständen vollständig nieder.

Durch den Bau fest stehender Orangeriegebäude ab der Mitte des 17. Jahrhunderts, die die pflanzlichen, aber auch die künstlerischen Ansprüche des Bauherren wesentlich besser befriedigten, wurden die abschlagbaren Pomeranzenhäuser allmählich ersetzt. Ziel war es, das Aussehen der sich nun vom Boden gelösten und in Kübeln kultivierten Pflanzen nach dem Einräumen im Herbst in den Orangerien über die kalte Jahreszeit so zu erhalten, zu „konservieren", dass sie im Frühjahr im gleichen schönen Zustand wie im Herbst wieder die Gärten zieren können. Dies war nur möglich, wenn im Winter in den Pflanzenräumen die Lebensprozesse in der Pflanze durch die Kulturbedingungen auf ein Minimum herabgesetzt wurden. Durch eine starke Reduzierung der Wasserzufuhr, die Einstellung der Düngung und vor allem die Temporierung der Pflanzenräume in Abhängigkeit von der Belichtung konnte dieses Ziel erreicht werden. Diese Bedingungen führten zur Errichtung von Gebäuden, in denen es auf Grund ihrer speziellen Ausführung möglich war, diese Forderungen zu erfüllen. Um das für Orangerien schwierige Problem zu lösen, eine Raumtemperatur von 6 bis 8° C zu erreichen, kamen unterschiedliche Heizungsmöglichkeiten zur Anwendung.

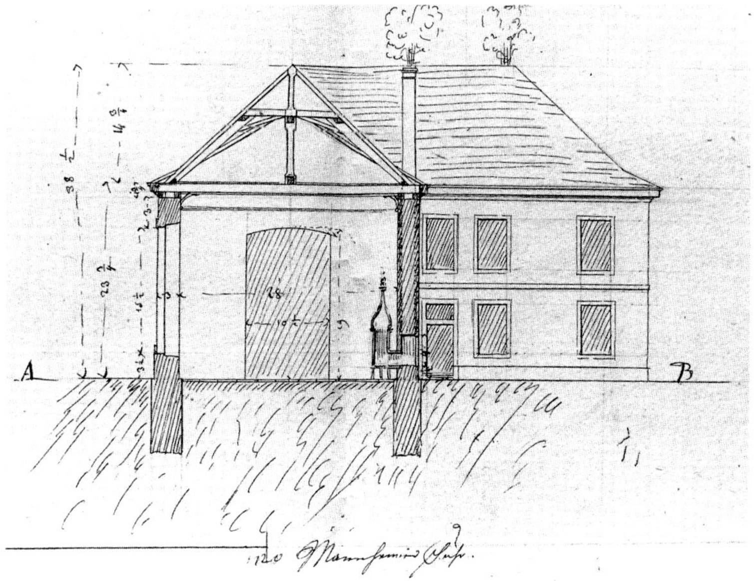

Skizze zum Westflügel der neuen Orangerie in Schwetzingen mit eingezeichneten Öfen an der Nordwand, Baubüro Pigage, Foto Wiltrud Heber.

Die Beheizung mit Öfen

Eine häufige Methode der Beheizung der Winterungen war die Verwendung von Öfen in der unterschiedlichsten Gestalt. Dienten die Orangerien im Sommer als Festsaal für die Hofgesellschaft, erhielten die Öfen als Zierde der Räume ein kunstvolles Aussehen. Gut eigneten sich Öfen, deren Feuerkästen aus eisernen Platten bestanden mit verzierten Aufsätzen aus Kacheln, Fayencen oder sogar Porzellan. Andere Öfen waren gänzlich aus Gusseisen, Blech oder Kacheln hergestellt. Dienten die Pflanzenräume keinen repräsentativen Zwecken, erfolgte die Beheizung durch einfache, aus Mauerziegeln oder Schamottesteinen errichtete Öfen ohne besondere Schmuckwirkung.
Zum Erreichen einer gleichmäßigen Hitze, zur Regelung der Temperatur und der Verminderung des Verbrauches an Brennmaterial, ver-

Querschnitt durch den „Leutmanns-Ofen", aus: Krünitz, 1806.

1 fauler Heinz
2 luftdicht verschließbarer Deckel
3 Feuerrost
4 Feuer
5 Ofentür
6 Aschetür
7 Rohr zur geregelten Frischluftzufuhr
8 Luftzugregler
9 Rauchgasabzug

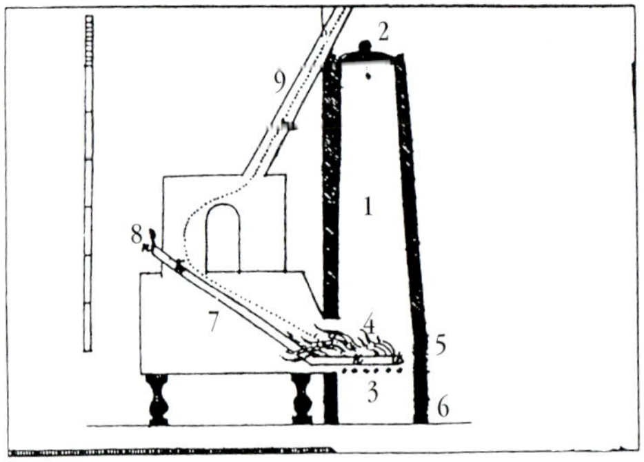

bunden mit einer längeren Brenndauer ohne besondere Kontrolle, kam mancherorts auch der sogenannte Leutmanns-Ofen zur Anwendung: Dazu wurde an der Außenmauer aus Mauersteinen ein „fauler Heinz" errichtet, eine etwa drei Meter hohe, nach oben sich verjüngende Röhre, die mit Brennmaterial gefüllt wurde.

Am unteren Ende der Röhre, die durch eine Maueröffnung mit dem in der Orangerie stehenden Ofen verbunden war, befand sich ein Rost. Durch die Maueröffnung wurden die Heizgase über den Ofen in den Schornstein abgeleitet. Über eine Luftröhre, die durch den Ofen lief und auf dem Rost auflag, war die Regulierung der Verbrennung in Abhängigkeit von der Raumtemperatur beeinflussbar. Nach dem Füllen der Röhre mit Brennmaterial und dem luftdichten Verschließen erfolgte der allmähliche Abbrand. Das restliche Heizmaterial fiel langsam nach.

Trotz solcher Vorrichtungen waren die Nachteile der Ofenheizung nicht zu übersehen. Diese bestanden in einer sehr unterschiedlichen Wärmeverteilung im Raum, dem Fehlen einer längeren Wärmespeicherung und dem hohen Aufwand für die Bedienung, besonders bei strenger Kälte.

Gusseiserner Ofen aus der ehemaligen Orangerie in Burgsteinfurt, Anfang 19. Jahrhundert, Foto H. Hamann, 1994.

Die Kanalheizung

Um 1715 hatte sich eine andere Heizungsart, die Kanalheizung, nicht nur für Glashäuser, sondern auch für Orangerien durchgesetzt. Entwickelt aus der römischen Hypokaustenheizung, ist die Kanalheizung bereits eine sehr alte Methode. Nachdem bekannt war, dass nicht, wie bei der Hypokaustenheizung der ganze Fußboden auf etwa 80 cm hohen Pfeilern ruhen musste, um darunter die Heizgase zu leiten, kam es zur Ausbildung von Kanälen. Als sogenannte Kreuzheizung fanden sie besonders in den römischen Grenzkastellen Verwendung. Bei dieser verlief von einer Feuerstelle außerhalb des Gebäudes ein

Kanal unter die Mitte des zu beheizenden Raumes. Von hier zogen sich Kanäle kreuzförmig in alle vier Ecken, wo die Ableitung der Rauchgase über Schornsteine erfolgte. Als Wärmeabgabe diente nur der dünne Kanaldeckel.

Bei der daraus entwickelten Kanalheizung ist für die Ableitung der heißen Rauchgase der sogenannte „Fuchs", die Verbindung zwischen der als „Wolf" bezeichneten Feuerstelle und dem Schornstein, stark in die Länge gezogen. Je nach der Art der Winterungen und der Beschaffenheit des Untergrundes verlief der Heizkanal über oder in den Fußboden verlegt. Die Feuerstellen befanden sich außen an der Nordwand oder im Heizgang, der bei fast allen Orangerien und Pflanzenhäusern des 18. Jahrhunderts auf der Nordseite als Schutz vor kalten Winden und gleichzeitig als Lagerraum für Brennmaterial vorhanden war. In der Regel verlief der Kanal vom Wolf zur Vorderseite des Raumes, entlang der Fensterfront und nach hinten zur Rückseite, wo er in den Schornstein einmündete. In Sonderfällen, wenn die Länge des Kanals dies zuließ, konnte er zur besseren Ausnutzung der Heizgase auch an der Rückwand in übereinander liegenden Windungen verlegt werden. Um einen guten Zug zu gewährleisten, sollte die Länge des Heizkanals etwa 25 Meter nicht übersteigen. Dabei ist von der Heizstelle bis in den Schornstein eine ständige Steigung günstig,

Gemauerter Ofen in der Orangerie in Oranienbaum, Foto H. Hamann, 1989.

die auch die Stärke des Zuges bestimmt. Um nach einer längeren Heizpause den Zug in langen, kalten Kanälen beim Anheizen wieder herzustellen, war es erforderlich, im Schornstein einen „Notherd" einzubauen, in dem es möglich war, ein „Lockfeuer" zur Erwärmung des Schornsteins anzuzünden. Der Einbau eines Schiebers vor dem Eintritt des Kanals in den Schornstein verbesserte die Heizwirkung. Mit diesem konnte der Feuerzug unterbrochen werden, wenn keine Rauchentwicklung mehr erfolgte, um die Wärme länger im Kanal zu halten. Die einfache Bauart der Kanalheizung ermöglichte dem Orangeriegärtner, diese

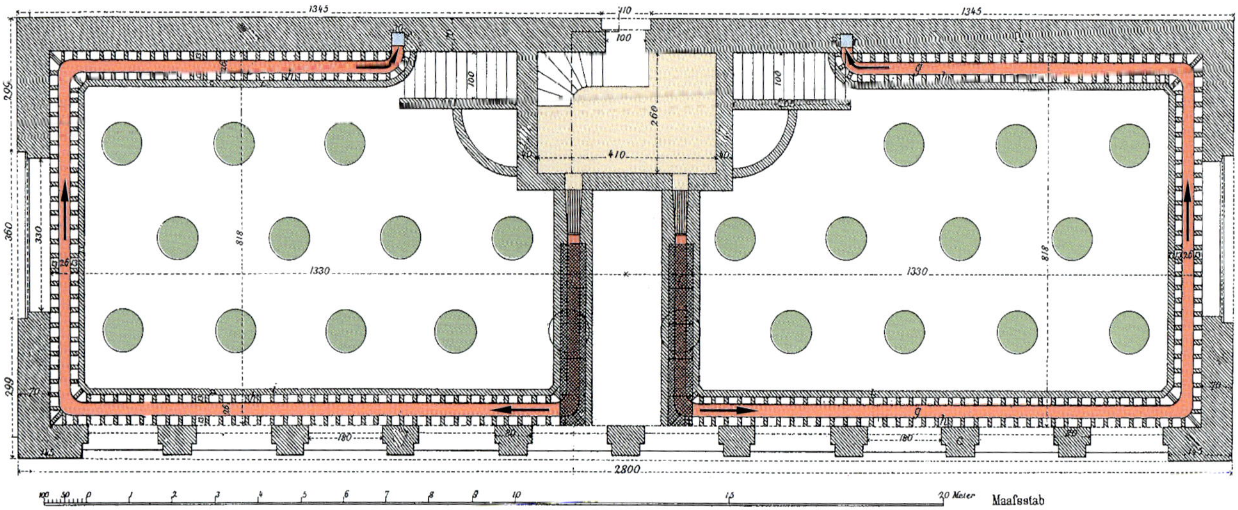

Grundriss einer Orangerie mit Einzeichnung des Verlaufes der Kanalheizungen, aus: Bouché, 1886.

Heizungsraum
Wolf
Kanal
Schornstein
Kübelpflanzen

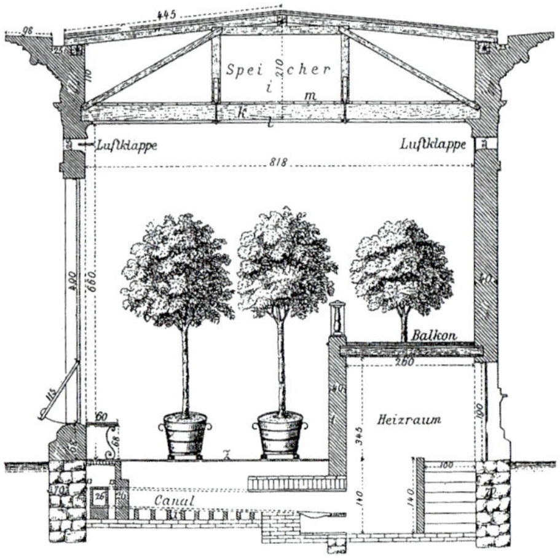

Querschnitt durch eine Orangerie mit Darstellung der Kanalheizung, aus: Bouché, 1886.

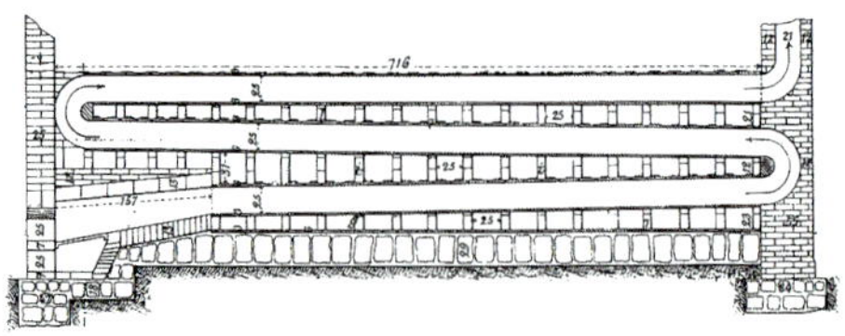

Querschnitt eines über der Erde liegenden Heizkanals mit drei übereinander liegenden Zügen, aus: Bouché, 1886.

selbst zu errichten sowie regelmäßig zu warten und zu reparieren. Die Seitenwände bestanden aus gut gebrannten, aufrecht stehenden Mauerziegeln. Für den Boden und die Abdeckung eigneten sich am besten doppelt übereinander liegende Dachziegel (Biberschwänze).

Als Bindemittel diente ein Gemisch aus Lehm und Kalk, oft mit dem Zusatz von reinem Kuhmist. Eine ständige Kontrolle der Undurchlässigkeit der Fugen war unerlässlich, da eventuell austretendes Rauchgas ein Absterben der kostbaren Kübelpflanzen zur Folge gehabt hätte. Als Brennmaterial eignete sich am besten langflammiges Holz. Stand dies nicht zur Verfügung, so dass mit Torf oder sogar mit Kohlen geheizt werden musste, war es notwendig, die Ausführung der Kanalheizung, vor allem in der Länge, entsprechend zu verändern.

Eine Variante der Kanalheizung ist die Rauchröhrenheizung. Statt durch den gemauerten Kanal werden hier die Feuergase durch Rauchröhren aus Ton oder Eisenguss geleitet. Dem Vorzug der schnellen Erwärmung stehen jedoch die hohe Feuergefährlichkeit und die Möglichkeit der Überhitzung gegenüber.

Trotz der Nachteile der Kanalheizung – eine trockene fast immer sengig riechende Luft, undichte Kanäle, die auch bei bester Pflege rauchen oder manchmal bersten können, Durchlassen von Ruß oder Rußwasser, uneinheitliche Temperaturen, zu langsames Reagieren auf die Außentemperatur und der hohe Arbeitsaufwand bei der Bedienung – wurden sie besonders in Deutschland noch bis weit in das 19. Jahrhundert hinein verwendet. Selbst als andere Heizungsarten sich bereits weitestgehend durchgesetzt hatten, wurde die in den Jahren 1851 bis 1864 errichtete Neue Orangerie im Park Sanssouci noch mit einer Kanalheizung versehen. In ihrer gediegenen Ausführung und mit den versehenen Verbesserungen stellt sie noch heute eine gut funktionierende Methode zur Erwärmung der Pflanzenhalle dar.

Die Luftheizung

Eine weitere Möglichkeit, Orangerien und Gewächshäuser zu beheizen, bestand in der

Ansicht des zur Reparatur geöffneten, im Erdboden verlegten Kanals der Kanalheizung in der Neuen Orangerie im Park Sanssouci, Foto H. Hamann, 1995.

Luftheizung. Hierbei erfolgte die Raumheizung durch die Einleitung erwärmter Luft. Der Fortschritt bei dieser Heizungsmethode bestand in der Trennung zwischen dem Feuerraum und den die Warmluft zuzuführenden Räumen.

Zunächst wurden die Luftheizungen nur als Frischluftheizungen betrieben, da die wirkenden physikalischen Gesetze noch nicht bekannt waren. Erst 1821 erfolgte durch Professor Meissner vom Polytechnischen Institut in Wien die Installation der ersten Luftheizung mit Umluft. Das Prinzip der Heizung bestand darin, dass die in einer Kammer durch einen Ofen erwärmte Luft über einen meist vor der Fensterfront verlaufenden Kanal in den zu erwärmenden Raum transportiert wurde. Der dadurch im Heizraum entstehende Unterdruck ermöglichte es, über einen weiteren Kanal am Boden der Rückseite die abgekühlte Luft dem Heizraum wieder zuzuführen, so dass sich während des Heizvorganges ein ständiger Kreislauf einstellte.

Meissner installierte im Park von Schönbrunn in zwei größeren Pflanzenhäusern die Heizungen, wobei das eine mit einer Kanal- und das andere mit einer Luftheizung ausgerüstet wurde. Nach dem Abschluss der Versuche brachte er zum Ausdruck, dass seine neue Heizmethode mit Warmluft in spätestens 20 Jahren die Kanalheizung aus allen Pflanzenhäusern verdrängen würde.

Diese Prophezeihung ging jedoch nicht in Erfüllung. Hatte die Luftheizung bei Kirchen und öffentlichen Gebäuden lange Zeit eine breite Anwendung erfahren, erlangte sie für Orangerien und Pflanzenhäuser kaum Bedeutung. Verwendung fand sie zum Beispiel im 1880 abgebrannten Palmenhaus auf der Pfaueninsel und in der Unteren Orangerie in Großsedlitz nach einem Umbau in der Mitte des 19. Jahrhunderts.

Die Heizung mit Dampf

Zu Beginn des 19. Jahrhunderts waren besonders in England, aber auch schon auf dem Kontinent einige Dampfheizungsanlagen für Gewächshäuser in Gebrauch. Die erste wissenschaftliche Berechnung dafür erfolgte jedoch erst 1824.

Obwohl man in Deutschland dieser Heizmethode zunächst äußerst skeptisch gegenüber stand, ließ sich 1816 der Berliner Kaufmann Möring durch den Baumeister Ludwig Catel, nach seinen Studien in England, in Pankow bei Berlin die erste deutsche Dampfheizung installieren. Sie diente zur Erwärmung einer Orangerie von 15 Meter Länge, eines Treibhauses und einer Wohnung. Diese Anlage lässt sich folgendermaßen beschreiben: Hinter einer Nische in der Mitte des Pflanzenraumes befand sich in einer Küche der tiefer gelegte Dampfkessel. Dieser hatte einen Inhalt von 0,3 Kubikmeter, besaß einen hohlen Boden und eine kugelförmige Wölbung für den Dampf. Von der höchsten Stelle des Dampfkessels aus verliefen nach jeder Seite die Rohre mit entsprechendem Gefälle in den Raum und an der Hinterwand zurück in die Küche, wo sie in einem Bassin zum Auffangen des Kondensates endeten.

Die so konstruierte Heizung wollte jedoch nicht recht funktionieren, so dass ein völliger Umbau vorgenommen werden musste. Dieser bestand darin, dass der Dampf vom Kessel in

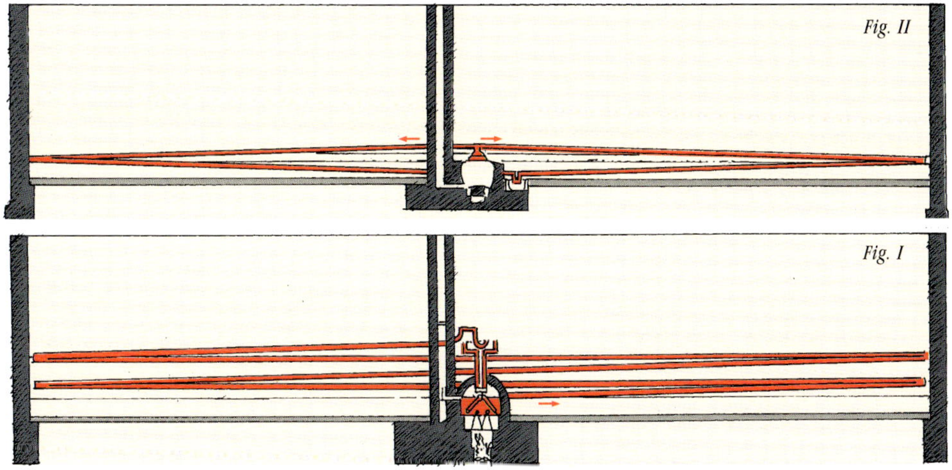

Längsschnitt durch die von L. Catel entworfene Dampfheizung für eine Orangerie in Pankow bei Berlin,

Fig. I – Darstellung nach dem Umbau,

Fig. II – Entwurf für die erste Dampfheizung,

aus: Catel, 1817.

einem aufsteigenden Rohr durch den Raum geführt wurde. Dadurch konnte das sich bildende Kondenswasser selbst in den Kessel zurücklaufen. Der am höchsten Punkt noch vorhandene Dampf entlud sich dort in einem Bassin, welches durch ein Schwimmerventil mit dem Kessel in Verbindung stand und diesen darüber speiste.

Großherzog Karl August von Weimar schickte 1816 einen Baumeister und einen Gärtner nach Pankow mit dem Auftrag, die Dampfheizung an Ort und Stelle zu studieren. Das Ergebnis fiel jedoch nicht positiv aus, denn am 5. Dezember 1816 schrieb der Herzog an J. W. von Goethe: „Auf die Heizung mit Dämpfen lege ich keinen Wert, denn wenn man auch eine momentane Wärme hervorbringen kann, so hört die Wärme auf, sowie die Verdampfungs-Operation stille steht [...]." (Vetter, 1911.)

Die Warmwasserheizung

Obwohl bereits den Römern die Heizung mit warmem Wasser bekannt war, gilt der französische Arzt Bonnemain als der Erfinder der Warmwasserheizung. Ohne die physikalischen Ursachen der Wasserzirkulation erklärt zu haben, die einsetzt, wenn in einem geschlossenen System befindliches Wasser erwärmt wird, baute er 1777 in Paris eine solche Heizung. Sie bestand aus einem Kessel mit selbständigem Zugregler, Rohren und Ausdehnungsgefäß zum Betreiben eines Brutkastens. Obwohl diese Heizung mit bestem Erfolg funktionierte, blieb das Verfahren in Frankreich zunächst unbeachtet, ging jedoch nicht verloren. So bediente sich Ende des 18. Jahrhunderts ein französischer Baumeister der Idee Bonnemains bei der Beheizung des Taurischen Palais in St. Petersburg.

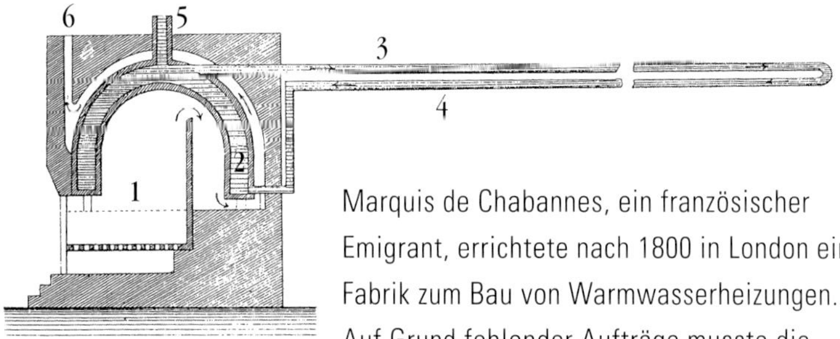

Schematische Darstellung der Warmwasserheizung mit der einfachsten Kesselform, der Glockenform, 1875, aus: Neumann, 1875.

1 Feuer
2 Wasserkessel
3 Vorlauf
4 Rücklauf
5 zum Ausdehnungsgefäß
6 Rauchgasabzug

Marquis de Chabannes, ein französischer Emigrant, errichtete nach 1800 in London eine Fabrik zum Bau von Warmwasserheizungen. Auf Grund fehlender Aufträge musste die Fabrik bald wieder geschlossen werden. 1822 beschäftigten sich Anthony Bacon und der Mechaniker William Atkinson unabhängig voneinander mit dem Plan, Gewächshäuser mit warmem Wasser zu beheizen. Nach dem Tode Bacons entwickelte Atkinson die Warmwasserheizung weiter. Die Gewächshäuser der Horticulture Society zu Turnham Green bei Chiswick gehörten mit zu den ersten Gebäuden, in denen sie eingesetzt wurde. Die große Besucherzahl trug wesentlich zur schnellen Verbreitung dieser Methode bei. Die Einfachheit und Ungefährlichkeit, die günstige Wirkung der milden Wärme auf das Pflanzenwachstum, die gleichmäßige Wärmeverteilung und die Möglichkeit des Wärmetransports über weite Strecken sowie die Verwendung hochwertiger Brennstoffe bedingten eine schnelle Aufnahme dieser Heizungsart in England. Obwohl die Warmwasserheizung nur in dem milden Winter 1827/28 geprüft werden konnte, erfolgte im darauf folgenden Jahr rings um London die Einführung „um die Wette".

In Deutschland blieb diese Entwicklung nicht unbeachtet. 1830 erfolgte die erste Installation einer Warmwasserheizung in einem Treibhaus des königlichen Hofküchengartens in München durch Ludwig Sckell. Wenig später wurde dieses System mit bestem Erfolg auf der Pfaueninsel installiert. Bis heute hat sich diese Methode für die Beheizung von Orangerien und Gewächshäuser bestens bewährt. Welchen Einfluss die Warmwasserheizung auf die Ausführung der Pflanzenhäuser hatte, zeigt die Entwicklung in den folgenden Jahren. Mit ihrer Einführung war eine entscheidende Änderung in der Bauart der Pflanzenhäuser möglich geworden. Auf die bisher benötigte nördliche Schutzwand konnte zu Gunsten einer vollständigen Verglasung der Häuser verzichtet werden.
Die Verbesserung der Gestaltung der Klimafaktoren ließ die Kultur zahlreicher Pflanzen zu, die als Ergebnis der Forschungsreisen europäischer Botaniker Anfang des 19. Jahrhunderts nach Europa eingeführt worden waren. An die Stelle der Orangen traten seltene tropische Pflanzen, allen voran die Palmen.

Ausgewählte Literatur

„Beurteilung der auf die pro 1823/24 und 1824/25 erneuerte Preisfrage eingegangene Abhandlung zu dem Thema 'Welches sind die zweckmäßigsten und wohlfeilsten Treibhaus-konstruktionen für frühe Treiberei, [...] und welche ist dabei die in Anwendung zu bringende vortheilhafteste und sparsamste Heitzungs-Methode, durch Feuerungs-kanäle, erwärmende Luft oder auch durch Dampf- oder Dunstheitzung, mit der best-möglichen Benutzung des inneren Raumes des Treibhauses? [...]", in: Verhandlungen des Vereins zur Beförderung des Gartenbaus in den Königlich Preußischen Staaten, 2. Bd., Berlin 1826.

Bouché, C., „Ueber die Anlage von Kanalheizungen in Gewächshäusern", in: Die Gartenflora, 6, 1857.

Bouché, C. u. J., Bau und Einrichtung der Gewächshäuser, Bonn 1886.

Catel, L., Die Heizung mit Wasserdämpfen, Berlin 1817.

Commelyn, J., Nederlantze Hesperides, Amsterdam 1679.

Dietz, L., Oldenbourgs Technische Handbibliothek, Bd. XI: „Lehrbuch der Lüftungs- und Heizungstechnik", München, Berlin 1920.

Hesse, H., Neue Gartenlust, Leipzig 1696.

Krünitz, J.G., Oeconomisch-technische Encyclopädie, oder allge-meines System der Staats-, Stadt-, Haus- und Landwirt-schaft, und der Kunst-Geschichte, in alphabetischer Ordnung, 18. Theil, Berlin 1788; 104. Theil, Berlin 1806.

Neumann, L., Grundsätze und Erfahrungen über den Bau und die Anlegung von Glashäusern aller Art als Glaskästen, Orangerien, kalten, gemäßig-ten, warmen Häusern und Treibhäusern mit der Einrich-tung von Rauchkanälen, Wasser- und Dampfheizungen, 4. vollständig umgearbeitete und vermehrte Auflage von J. Hartwig, Weimar 1875.

Otto, F., Schramm, F., „Kurze Anleitung zum Bau der Gewächshäuser, mit Angabe der inneren Einrichtung derselben und der Construktion der einzelnen Teile", in: Verhandlungen des Vereins zur Beförderung des Gartenbaus in den Königlich Preußischen Staaten, 3. Bd., Berlin 1827.

Pfann, H., „Das Gewächshaus in alter und neuer Zeit. Seine Beziehung zur Technik, zur Architektur und zum Garten", in: Zeitschrift des Österreichischen Ingenieur- und Architekten-Vereins, Heft 27/28 u. 29/30, 1935.

„Über die Heizung mit warmem Wasser", in: Verhandlungen des Vereins zur Beförderung des Gartenbaus in den Königlich Preußischen Staaten, 7. Bd., Berlin 1831.

Vetter, H., „Zur Geschichte der Zentralheizungen bis zum Übergang in die Neuzeit", in: Beiträge zur Geschichte der Technik und Industrie, Jahrbuch des Vereins Deutscher Ingenieure, 3. Bd., Berlin 1911.

Staatliche Schlösser und Gärten Baden-Württemberg

Lage der Schlösser, Burgen, Klöster und Gärten mit Orangerien

1. Schloss Heidelberg, Orangerie abgebrochen
2. Schloss Mannheim, Orangerie abgebrochen
3. Schloss Schwetzingen, Orangerie in Betrieb
4. Schloss Bruchsal, Orangerie fremdgenutzt
5. Schloss Karlsruhe, Botanischer Garten, Orangerie fremdgenutzt, Glashäuser in Betrieb
6. Schloss Rastatt, Orangerie abgebrochen
7. Schloss Favorite, Rastatt, Orangerie fremdgenutzt
8. Altes Schloss Hohenbaden, Baden-Baden
9. Kloster Maulbronn, Orangerie abgebrochen
10. Kloster Alpirsbach
11. Kloster Hirsau, Calw
12. Festungsruine Hohentwiel, Singen
13. Schloss Favorite, Ludwigsburg
14. Schloss Ludwigsburg, Glashaus in Betrieb
15. Wilhelma Stuttgart, Glashäuser in Betrieb
16. Schloss Solitude, Stuttgart, Orangerie abgebrochen
17. Schloss Leonberg, Orangerie abgebrochen
18. Schloss Hohenheim, Orangerie abgebrochen
19. Grabkapelle auf dem Württemberg, Stuttgart-Rotenberg
20. Schloss und Kloster Bebenhausen, Tübingen
21. Schloss Kirchheim, Kirchheim unter Teck
22. Schloss Urach, Bad Urach
23. Kloster Wiblingen, Ulm-Wiblingen
24. Kloster Heiligkreuztal, Altheim
25. Kloster Ochsenhausen
26. Kloster Weingarten
27. Neues Schloss Tettnang, Orangerie abgebrochen
28. Neues Schloss Meersburg, Orangerie abgebrochen und Fürstenhäusle
29. Schloss Ellwangen
30. Groß- und Kleincomburg, Schwäbisch-Hall
31. Kloster Schöntal
32. Schloss Weikersheim, Orangerie in Betrieb
33. Deutschordensschloss Bad Mergentheim, Orangerie abgebrochen